書下ろし

弱った自分を立て直す89の方法

植西　聰

JN267388

祥伝社黄金文庫

まえがき

「イライラが止まらない」「自分の感情をコントロールできない」
「落ちこんだまま、立ち直れない」「おだやかな心で物事に集中できない」
「悲しみに振り回されている」「不安感から絶望的な気持ちになってしまう」……

日頃そのように感じている人が多いようです。

その原因は、仕事や職場での人間関係、また日常生活で起こるできごとや、家族との関係に心を乱しているなど、さまざまです。愛する人との関係や、愛する人とのどうしようもない別れのために、自分を見失っている人もいます。

本書はそのような人たちのために、

＊弱った自分の立て直し方
＊心を安らげる方法
＊平静な気持ちで生活するコツ

を、ものの考え方や、具体的な方法によってアドバイスしています。

忙しすぎると、だんだん心が弱っていきます。

過ぎ去ったことへの後悔や、将来への不安も心を弱らせます。

仕事のプレッシャーも、心からエネルギーを奪います。

そして、心が弱ると、本当にちょっとしたできごとによって心が振り回されてしまいます。

それが、「なぜかイライラする」「悲しみに振り回されている」「不安でしょうがない」という状態なのです。

それでなくても世の中は、上手《うま》くいかないこと、思うようにならないことで一杯です。予測もしていなかった不幸なできごとも襲ってきます。人間関係でのギクシャクもしょっちゅうです。

そのたびに「弱くなった心」は、嵐の中の小舟のように振り回されてしまいます。

このような状況では、自分の「心」というものをいったん波の静かな港に停泊させ、天候を見ながら嵐の過ぎ去るのを待ち、弱くなった心にエネルギーを注入するしかありません。

どんなに先を急いでいても、嵐の中を航海しようとは思わないことです。

この場合の「航海」とは「生きる」ことです。つまり、人生です。「嵐」とは、人生の途上で起こる「上手くいかないこと」「思うようにならないこと」「さまざまな不幸なできごと」を意味します。

「港に停泊する」とは、「しばらくの間、休息を取る」ということです。

「天候を見ながら嵐の過ぎ去るのを待つ」とは、「現状を正しく認識する」ということを意味します。

「心にエネルギーを注入する」とは、「気分転換のために楽しいことをする」「人間的成長に役立つことをする」「スポーツで汗を流し爽快な気分になる」といったことを表します。

つまり本書は、あなたが人生の「嵐」に直面した時のために、「休息の取り方」「現状を正しく認識する方法」、また「気分転換の仕方」などをさまざまな角度からアドバイスするものです。

読者の皆様がこの本にあるヒントで立ち直っていただければ幸いです。

著者

もくじ

1章　上司との関係編

2章　仕事の悩み編　その1

4章 日常生活編

5章 人生の悩み編

6章 友人との関係編

7章 家族との関係編

9章　老・病・死編

＊装丁　静野あゆみ

1章

上司との関係編

01 性格が合わない上司と一緒に仕事をするのが辛い、という時

上司と「性格的に合わない」という状況は、部下にとっては大きなストレスの原因になります。

たとえば「せっかちな上司」の下で働く「のんびり屋の部下」です。「細かいことにうるさい上司」に「大ざっぱな部下」というパターンもあるかもしれません。「心配性の上司」に「楽観的な部下」という場合もあるでしょう。

いずれにしても、このような場合、性格的な違いから、部下は上司からしょっちゅう「なにをモタモタしているんだ」と怒鳴られたり、「この点はどうなっているんだ」と細かいことにチェックをいれられたり、「もう少し将来のことをしっかり考えてくれ」と文句を言われることになるようです。

その結果、部下はイライラしたり、落ちこんだり、腹が立ってきたりと、とかく平常心を乱されがちなのです。

性格的に合わない上司に反抗的な態度を取っても、結局は立場が弱い部下のほうが負かされてしまうことが多いものです。反抗的な態度を取るよりも、コミュニケーションを密にするほうが得策です。

性格的に合わない相手とは、とかく意思疎通《そつう》がおろそかになりがちです。しかし、それが上司の不満を大きくするのです。普段からコミュニケーションを密にしておけば、いきなり怒鳴られたり文句を言われることは少なくなるでしょう。

性格が合わない上司とは、人はつい「あまり口をききたくない」という気持ちにさせられます。

しかし、そのために意思疎通がおろそかになると、お互いに誤解が生まれていっそう関係が悪化していきます。性格が合わない上司とは、とくにそのようなことにならないように良好なコミュニケーションをとっておくほうがいいと思います。

たとえば、挨拶《あいさつ》をする、あえて普段からよく話をする、といったことです。

↓ 性格が合わない上司だからこそ、コミュニケーションをとる。

02 みんなが見ている前で、こっぴどく叱られた時

同じ言葉で上司から怒鳴られるにしても、「誰も見ていない場所で怒鳴られる」のと「みんなが見ている前で怒鳴られる」のでは、部下の心境はまったく違うと思います。「誰も見ていない場所」で怒鳴られても、どうにか気持ちを持ちこたえることができるのではないでしょうか。

しかし、そこが同僚たちなど「みんなが見ている前」である場合には、「みんなの前で恥をかかされた」「これで自分の評判はガタ落ちだ」と、動揺を抑えられなくなってしまいがちです。

そして、その動揺した気持ちのために、仕事への意欲を失ったり、「こんな会社、辞《や》めてやる」と投げやりな気持ちになるかもしれません。

「同僚たちが見ている前で、上司から怒鳴られる」といったケースでは、このようにして心の動揺を抑えましょう。

＊その日は早く帰宅して、一人きりになれる時間を作る。
＊一人きりになって静かな時間を過ごしながら、動揺がおさまるのを待つ。
＊「同僚の慰めの言葉は、かえって心の傷を深くする」と知っておく。
＊上司の言葉を整理して、反省すべきことは素直に反省する。

上司から怒鳴られた自分を気づかった同僚たちから「仕事が終わってから、気晴らしに遊びにいかないか」と誘われるケースがあります。

しかし、そんな誘いに乗って同僚たちと一緒の時間を過ごすことは、気晴らしになるどころか、かえって逆効果になってしまう場合もあるようです。「自分が同僚たちからかわいそうに思われている」という思いが生まれて、いっそう自尊心が傷つけられてしまうからです。

このようなケースでは「一人きりになる」ほうが、平静さを取り戻すのに効果的だと思います。

↓ 一人きりになって、心の動揺が静まるのを待つ。

03 感情の起伏《きふく》が激しい上司に振り回されている、という時

ある職場の上司は、感情の起伏《きふく》が激しいといいます。機嫌がいい時は、とても陽気です。みずから冗談を言って部下たちを笑わせたりします。

しかし、そんな上司が何の理由もなく、突然不機嫌になったりします。部下たちに向かってイライラした様子で、「タラタラ仕事をしているんじゃない」と大声を上げたりします。

かと思うと、急に押し黙って何も喋《しゃべ》らなくなったりもします。沈んだ顔で、部下が話しかけても、ろくに返事もしません。

そんな上司に対して、部下はいつも「上司は今、機嫌がいいのか悪いのか」といったことを気にしながら仕事をしています。

そのために、自分の仕事に集中できないというのです。

確かに上司の感情というものは、一緒にいる部下たちの感情にも強く影響します。上司の感情に落ち着きがない場合、部下たちの感情も落ち着きがないものになっていくのです。

このような時は、上司との精神的な距離感を上手く保っていくことを心がけるといいでしょう。

たとえば、上司の機嫌が悪い時には、上司と顔を合わさないようにしたり、黙りこんでいる上司には、あえて何も話しかけないことです。

このようなことを心がけながら、心理的に上司と一線を引いてつき合うようにすることで、感情の起伏の激しい上司に自分まで振り回されることは少なくなると思います。

そうすれば、上司の機嫌に関わりなく、自分の仕事に集中できるようになるでしょう。

↓ 上司と心理的に距離をとってみる。

04 上司から雑用ばかり押しつけられる時

若手社員の中には、「上司からやりがいのある仕事をさせてもらえない。書類の整理や、使いっぱしりといった雑用ばかり。うんざりだ」といった気持ちにさせられている人もいるかもしれません。そして、この「うんざりした気持ち」によって心を弱らせ、「もうこんな会社辞めてやる」とヤケを起こしている人もいるかもしれません。

しかし、そんな状態で会社を辞めても、明るい未来へ進んで行くことはできない場合が多いと思います。

その前に、次のことを自分自身に問い直し、実践してみてもいいのではないでしょうか。

転職を考えるなら、それが自分の人生のステップアップにつながるようなものでなければなりません。あくまで冷静に判断するほうがいいでしょう。

ですから、まずは雑用を「いかに効率的に、いかに早く、いかにミスなく行なえるか」を自分なりに創意工夫してみるのです。

雑用は「事務処理能力を高める」ためのいいトレーニングになります。

若い時に、雑用を通して事務処理能力を高めておくことは、その後中堅社員になった際にきっと役立つと思います。

「雑用をまともにこなせない社員に、責任ある仕事など任せられない」と考えている上司も多いです。「雑用をパッパとこなしていく部下」というのは、意外と評価が高いのです。とりあえず雑用を一生懸命こなしていれば、その後上司からチャンスを与えられる可能性も高まります。

そのように信じることで、たとえ雑用であっても前向きな気持ちで取り組んでいけると思います。雑用でうんざりさせられることも少なくなるでしょう。

しかし、いつまでたってもやりがいのある仕事を与えてもらえない場合に限り、思いきって転職を考えるのも一つの方法かもしれません。

↓

「雑用にも、チャンスの種が入っている」と考える。

05 仕事を終えた後の「上司とのつき合い」が苦痛だ、という時

ある男性は、仕事を終えてからの「上司とのつき合い」が苦痛だといいます。

その上司と性格が合わないとか、人間関係が上手くいっていない、というわけではありません。職場では上手くつき合っています。

しかし、彼には、「仕事を終えてからの時間は、自分の時間として楽しみたい。できれば会社の人間からは離れたい」という気持ちが強いのです。

それなのに、その上司からはしょっちゅう「食事に行こう」「カラオケに行こう」という誘いがあります。上司の誘いだけに断るわけにもいかず、誘われればつき合っているのですが、最近はそれが苦痛になっているといいます。

そのために精神的に不安定になり、上司のことが嫌になったり、仕事への意欲がなくなったりしているといいます。

サラリーマンの仕事は、言うまでもなく、ちゃんと仕事をして成果を出すことです。仕事を終えてから上司の誘いにつき合うことではありません。

仕事さえちゃんとしていれば、上司の誘いを断ることに罪悪感をおぼえる必要はないのです。

ですから基本的に、上司から誘いを受けても、行きたくなければ断ってもいいと思います。「家族と食事をする予定がある」「友人と遊ぶ」「勉強会がある」など、用件を作って誘いを断るのも一つの方法です。

ただし、お互いに人間関係の絆《きずな》を深めるため、仕事を終えてからのつき合いも大切なのかもしれません。ですから、「このくらいだったらつき合う」という自分なりの基準を作っておくほうがいいでしょう。「三回誘われたら一回つき合う」「月に二回はつき合う」など、自分なりの基準でいいのです。

そうすれば、必要以上に心を乱されることもないでしょう。

↓ 上司の誘いを断ることに罪悪感をおぼえなくてもいい。

06 たいしたミスでもないのに上司から激しく叱られた、という時

ある人が、会社に多大な迷惑をかけるような大きなミスではなく、ちょっと訂正すれば済むような小さなミスをしてしまったとします。

それにもかかわらず、上司から激しい調子で叱られることがあります。

叱られた本人とすれば、「他の同僚なら『今後気をつけて』で簡単に済まされるようなミスなのに、どうして自分だけさんざん叱られなければならないのか」と納得がいかないでしょう。

そして、「私は上司から目の敵《かたき》にされているのか」と不安にもなってくるのではないでしょうか。

上司というものは、期待している部下がつまらないミスをすると、とても腹が立ってくるものです。

つまり「つまらないミスで、感情的に叱られる」のは、それだけ上司から期待され

ているこの裏返しでもあるのです。

どうでもいい部下の、どうでもいいようなミスなら、どうでもいいような叱り方をするでしょう。

上司が真剣になって怒ってくるのは、「真剣にこの部下を育てたい」と考えている証《あかし》でもあるのです。

また、性格的に怒りっぽい上司もいます。

しかし、そのような上司は誰に対しても怒鳴り散らしています。

ある特定の部下だけに怒鳴るのは、その部下を特別視しているからです。

けっして目の敵にしているのではないと思います。

それは上司の目を見ればわかります。怒鳴っている上司の目に真剣さの輝きがある時には、それは「この部下を大きく育てたい」と真剣に考えている証です。

それがわかれば不安に思う必要もなくなるはずです。

↓ 期待しているからこそ、上司は真剣に叱る。

07 自信があった企画を上司からボツにされたという時

職場での話です。

ひと月ほどかけて一生懸命になって書き上げた企画書を、よく目も通してもらえないまま上司に「こんなのダメだよ。ボツだ」と突き返されてしまうことがあります。

その部下とすれば苦労して書き上げた企画書であった分、精神的にショックだと思います。

「自信があった企画書だったのに、よく読みもしないでボツにするなんて許せない」と、上司への怒りを抑えられなくなるでしょう。

しかしながら職場では、上司からこのような仕打ちを受けるのは、そう珍しいことではないと思います。実際には、よくあることだといってもいいと思います。

こういうケースでいちいち感情を荒立てていたら、長いサラリーマン生活をまっとうすることはできません。

どうにかことを荒立てず、自分の心を静める方法を考えるほうがいいと思います。

たとえば、上司の悪口をいうのは「その日で終わり」と決めて、屋上やカラオケボックスに行って、上司の悪口を思いっきり叫んで、気分をスッキリさせるのでもいいでしょう。早めに帰宅して、さっさと寝てしまうのもいいでしょう。とにかく苦労して企画書を書き上げた疲労感を心身から取る、という方法です。

また、一度ボツになった企画が、その後また脚光を浴《あ》びて成功することもよくあるので、ボツ企画であっても大切に保管しておくといいでしょう。

どうしてボツにされたのか、上司からよく聞き出しておくことも大切です。今後、戦略を練り直す時に役立ちます。

一度ボツになった企画が、ある時によみがえってくることは実際によくあります。ですから、そこであきらめてしまう必要はありません。

再復活する時を楽しみにして、心を立て直すのがいいと思います。

↓ ボツ企画が復活するのはよくあることと考える。

08 上司に仕事の手柄を横取りされてしまった時

自分で企画を立て、自分で事前準備や根回しを行ない、自分で成功まで導いた仕事なのに、上司に手柄を横取りされてしまった……というケースがあります。

「当初は私の企画に反対していたのに、上手くいったからといって、自分の手柄にしてしまう上司を許せない」と、憤《いきどお》っている人もいるのではないでしょうか。

そして、「いくらがんばったって、また上司に手柄を横取りされてしまうだろう。やってられない」と、やる気を失っている人もいると思います。

このようなケースで、怒りや落ちこみを静める方法を考えたいと思います。

「仕事の成果を横取りされた」と考えるのではなく、「見ている人は見ている。わかってくれている人は、わかってくれている」と信じて、自分のやるべきことをたんたんと続けていくのです。

「手柄を横取りする上司」は、どこの会社にもいるものです。

「どうして私の上司は、ずるいことをするのか」と、自分だけが不幸な目に遭《あ》っていると思いこむと、そんな自分がますますミジメに思えてくるばかりです。

そんな上司のことを考えてイライラしているのは、時間のムダです。

ある意味、上手にあきらめてしまうほうが、心の平安のためにはいいのではないでしょうか。

ずるい上司がいる一方で、公平な見方をしている人も必ずいます。

会社の幹部や同僚、また取引先の中には、「あの仕事が上手くいったのは、あの担当者の功績が大きい」ということをわかってくれている人は必ずいます。

それを信じて、自分のやるべきことをたんたんと進めていけば、努力が報《むく》われる時が必ずやってくると思います。

↓

「必ず自分を見てくれている人がいる」と考える。

2章

仕事の悩み編　その1

09 クレーマーのお客さんに遭遇した時

会社で仕事をしていると、お客さんから突然受けるクレームに戸惑《とまど》うことがあります。

なにもクレーム担当者ではなくても、お客さんのクレームを受けるケースは多いと思います。

お店にいきなりやってきてワーワーわめきだすお客さん。

突然、電話してきて、怒鳴り出すお客さん。

こちらにミスがある場合には、もちろん素直に反省して誠意を込めて謝罪しなければなりません。しかし、中には「どう考えても、言いがかりとしか思えない」という場合もあるようです。いわゆる「クレーマー」です。

ただし本人は、「自分の言っていることが絶対に正しい。悪いのは、この会社のほうだ」と頭から思い込んでいるので、いくら説明しても納得してくれません。ますます感情的になって怒鳴り散らしてくるのです。

そんなクレーマーのお客さんに心を乱された時は、どのような対応策を取ればいいのでしょうか。

大切なのは、感情的になっている相手に、こちらまで感情的にならないことです。

言い訳するよりも、まずは「すみません」と謝りましょう。

ただし「謝ったからといって、相手に屈したのではない」と考えます。

あくまでも毅然《きぜん》とした態度を貫くのがいいでしょう。

とくに大切なのは「毅然とした冷静な態度」だと思います。

毅然とした冷静な態度を心がけることで、相手の怒鳴り声に心を乱され、こちらまで感情的にならなくて済みます。

もし、おどおどと卑屈《ひくつ》な思いになってしまったら、深い呼吸をして心を整え、姿勢を正し、周囲を見渡せば、冷静になることができます。

↓

相手がお客さんであっても卑屈にならない。

10 コールセンターの仕事に耐《た》えられなくなった時

コールセンターを設置している会社も多いようです。お客さんからの問い合わせを受け付ける専門の部署です。

そのような部署に配属された人には、お客さんへの対応に思い悩んでしまう人も多いようです。

というのも、お客さんからのクレームの電話がたくさんかかってくるからです。

時には、一日中お客さんのクレーム電話に対応していることもあるようです。

朝から晩まで、お客さんから文句を言われたり、怒鳴られたり、嫌味を言われ続けるのですから、心がまいってしまうこともあるでしょう。

このような職場環境の中でも、しっかり心をおだやかに保ちながら仕事をする方法はあるのです。

それは、ノートをつけて自分なりにどう対処するかを事前に準備しておくことです。

＊クレームの内容を一つ一つノートに書き留めておく。
＊どのように説明した時、お客さんが納得してくれたかも記録しておく。
＊クレームの傾向と対応策を整理しておく。

お客さんのクレームにはさまざまな種類のものがあります。

しかし、ある程度の傾向があります。

また、「こういう種類のクレームには、このような説明をすれば納得してくれる」という法則のようなものもあるのです。

そのような「傾向と対応策」をつかむため、お客さんのクレームの内容を記録しておくことが役立ちます。

ノートを作ることで、心の準備ができます。自分の中でクレームの傾向と対策が整理されていれば、心を乱されることなく落ち着いてクレーム電話に対応できるようになると思います。

↓ 自分なりのクレーム・ノートを作り「心の準備」をする。

11 お客さんの前で、泣き出してしまいそうになった時

クレームを言ってきたお客さんに、ていねいに一生懸命事情を説明しても、なかなか納得してくれない時があります。

そんな時、若い女性には「電話口で泣き出してしまった」「涙が喉《のど》に詰まって、声が出なくなってしまった」という経験を持つ人も多いようです。

友人や家族の前では「泣く」という行為も許されるかもしれませんが、会社員としてお客さんと接している時に「泣く」というのは禁止事項だと思います。

しかしながら、「泣きたくなる」時も確かにあると思います。

もし感情がたかぶって、泣き出しそうになった時には、どのような対応策を取ればいいのでしょうか。

*理由をつけて、いったん電話を切る。対面の場合は、裏に移動する。
*気持ちが静まるまでしばらく待つ。

＊お客さんのクレームの内容を、もう一度整理する。
＊力不足の時は、自分一人で解決しようと思わないほうがいい。上司に相談して、どのように対処すればいいか聞く。
＊「泣きそうになった自分」を責めない。少しずつ強くなっていけばいい。

どうしても涙を抑えられず、声がひっくり返りそうになった時は、いっそのことその場を離れたほうがいいと思います。

もちろん突然、相手に断りなく電話を切ったり、その場を去ることはできません。「調べてみますので、ちょっとお時間をいただけますか。後ほど、こちらから電話をかけ直しますので」というような理由をつけましょう。そして気持ちが静まるまで待ちます。

その上で、もう一度、冷静な心で対応策を考え直すのがいいと思います。

↓

泣きそうになった時は、いったんその場を離れる。

12 たちの悪いお客さんにからまれたショックで、仕事が怖くなった時

ある女性は大手百貨店の案内係を担当しています。仕事は主に、正面入口の受付での案内です。担当になって半年ぐらいした頃、正面入口の受付にいると、五十代ぐらいの男性がやって来て、「ある商品の売り場はどこか」と尋ねてきました。

調べた結果、その商品はその百貨店では扱っていないことがわかったので、彼女はていねいな言葉でそのことを説明しました。

すると、その男性は「なんだと！　バカにするんじゃない！」と、大声で怒鳴り始めたというのです。

その男性は受付の机をバンバン叩き始め、彼女にも暴力をふるってきそうな勢いでした。とっさに隣にいた同僚が上司を呼んできてくれて、その男性は帰って行きました。

もちろん彼女には非はありません。しかし、彼女の心にはそのできごとが大きな精

神的ショックとして残り、「受付でお客さんの対応をする仕事が怖くなってきてしまう」というのです。

このような事件に巻きこまれると、そのことがトラウマとなっていつまでも心に動揺を与えることがあります。しかし、時間の経過につれて、だんだんと恐怖心は薄らいでいきますから、あまり悲観的に考えないほうがいいと思います。

お客さんと接する仕事をしていると、さまざまな経験をするものです。時には、彼女のような経験をさせられることもあるかもしれませんが、職場の外でしばらくの間は心が安らぐ静かな生活を心がけることで、だんだん心が癒《いや》されていくと思います。

たとえば、心の動揺が強くなった時には誰か信頼できる人に相談したり、友人や家族と一緒に過ごす心安らぐ時間を大切にするのもよいでしょう。

ヨガや瞑想など、集中して心を落ち着けるようなことをしてみるのも効果的です。

↓

心のトラウマは、安らかな生活の中で癒される。

13 今の仕事が自分に向いているのか不安になった時

「仕事の成果がなかなか出ない」
「毎日のように、上司から叱られてばかりいる」
「トラブル処理にいつも走り回っている」

このような状態が続くうちに、「この仕事は本当に自分に向いているのだろうか。向いていないのではないか。もっと他に自分の天職と呼べるような仕事があるのではないか」という迷いが生じてきます。

このような心境になって、他の会社に転職する人もいると思います。

しかしながら、転職をしてやりがいのある天職と出会うことができる人もいれば、残念ながら転職先でまた同じように「この仕事は自分には向いていない」と思い迷ってしまう人もいます。

一時期の心の迷いから転職をしてしまうと失敗してしまうケースが多いのです。転職を考える時ほど、冷静な判断が必要です。

このような場合、「自分に〝向いている〟仕事は何か」を考えるよりも、「自分が〝楽しく働ける〟仕事は何か」を考えるほうがいいのです。自分が楽しく働ける仕事であれば、たとえ成果が出なくても、上司から叱られても、トラブルに見舞われることがあっても、乗り越えていけるのです。

また、今の自分の心境を信頼できる人に相談してみましょう。じつはほとんどの人が、「今の仕事は自分に合っているのか」と迷いながら働いているのです。「自分だけではない」と気づくことが、客観的に自分の人生を考えるきっかけになります。

会社を移る前に、今の会社で「自分がやりたいこと」を幹部に訴えてみるという方法もあります。新しい会社へ移るよりも、自分のことをよく知っている人が周りにいる環境で、自己実現をはかるほうがいい場合も多いのです。

もし転職に失敗した場合、前にいた会社に戻ることは難しいものです。ですから、平静な精神状態で客観的な考えに立って決断しないと、後悔が残ります。

↓

一時的な心の迷いから転職を決めない。

14 自分の能力を生かした仕事ができない、という時

ある男性はアメリカの高校と大学を卒業しました。ですから、英語がペラペラです。この「英語が話せる」という能力を生かすためにある貿易会社に就職しました。しかし、配属になったのは「輸入商品をデパートで販売する担当者」という仕事でした。日本人のお客さんを相手にした販売員です。

彼は「こんな仕事では自分の能力を生かせない。英語を話せなくてもできる仕事だ」と思い悩んでいます。

能力を生かせない仕事にストレスが溜《た》まり、爆発しそうだといいます。

この事例に限らず、「自分の能力を生かす仕事を担当できない」ということで思い悩んでいる人も多いのではないでしょうか。

こういう場合、自分の能力を生かせない仕事を、単純に「つまらない仕事」「誰にでもできる仕事」と決めつけないほうがいいでしょう。決めつけると、いっそうスト

レスが溜まります。

仕事を区別せず、「どのような仕事でも貴重な体験になる。自分の成長のためにその仕事から学べるものはたくさんある」と前向きに考えるほうがいいと思います。

そして、今の仕事を、能力を生かせる仕事に就くまでの修業と考えます。この仕事を通して自分は鍛《きた》えられると考えるのです。

人はえてして「自分の能力を生かせない仕事」を単純に「つまらない仕事」と決めつけてしまいがちです。これが心を乱すもっとも大きな原因です。

仕事に、つまらないも、つまらなくないもありません。自分の向かい合い方次第なのです。冒頭の彼にしても、「これは接客を学ぶために貴重な体験になる」と考えることができれば、心の持ちようも変わってくるでしょう。

また将来的に「英語を生かせる仕事」に就いた時に、接客の仕事で学んだことが生かせるはずです。そう信じることが平常心をもたらします。

↓

「くだらない仕事」などない。

15 仕事の壁に突き当たって どうしても突破できない時

当初、順調にいっていた仕事も、必ずどこかで壁に突き当たるものです。すぐに乗り越えられる壁であればいいのですが、色々なことを試したり、一生懸命努力しても、なかなか壁を突き破っていけないこともあります。

そのようなケースでは、「自分はここで終わってしまうのではないか。もうダメなのではないか」と絶望的な気持ちになってしまう人もいるようです。

しかし、そこで心の落ち着きを取り戻して、もう一歩踏ん張ることはできないか考えてみたいと思います。

壁は「絶望的な考えを起こす」自分自身の心の中にあると考えましょう。

つまり「自分の心の壁」を乗り越えることで、仕事の壁を突き破るファイトがふたたび湧《わ》いてくるのです。

「自分の心の壁」を乗り越える方法として、ポジティブシンキングノートを書くという方法があります。「ポジティブシンキングノート」というのは、壁を乗り越えて成功をつかんだ時の自分の生活を想像しながら文字や絵を入れていくノートのことです。

「目標の売り上げを余裕で達成する」

「上司からほめられて脚光を浴びる」

「がんばってきた自分へのご褒美《ほうび》として、休暇には海外旅行へ行く」

「ひと皮むけた自分となって、いっそう大きな仕事を手がける」

そんな輝かしい「将来の自分」をノートに書き入れながら想像することが、いいイメージトレーニングにつながります。

「壁を乗り越えて成功する自分」をイメージすることで、絶望的になっていた心がだんだん前向きになっていくのです。

この作業を何日間か続けていくうちに、悲観的な考えも消え失せて壁を乗り越えていくことができるようになるでしょう。

↓ ポジティブシンキングノートで困難を突破する集中力を高める。

16 「人に見られている」というストレスに負けそうになった時

職業柄、「人に見られている」という緊張感を強く持たざるを得ない立場にある人たちがいます。

たとえば、会社の受付担当者、先生や講師、イベント会社で司会を担当している人、大勢の人を指導するインストラクターといった仕事に携《たずさ》わる人たちです。

「人に見られている」という意識は、本人にとっては強いストレスになっているケースも多いようです。そして、そのストレスのために心が不安定になってしまう場合もあります。

ある司会業の女性は、いつも「人に見られている」というストレスと、また「美しい存在でいなければならない」というプレッシャーから心が不安定になり、夜眠れなくなったり、食欲がなくなったりするようになりました。

「人に見られている」という意識は、往々にして「いつもきちんとしていなければ」

「常に失敗できない」という強い緊張をもたらします。

「自分は未熟なのだから、人前で失敗しても仕方ない、恥をかいてもいい」という、いい意味の開き直り、心の鈍感さをもつように努めることが大切です。

また、精神の安定のために、仕事以外の時間でも、騒々しい環境に身を置くことは避けるようにし、リラックスできる時間を多くするのがよいでしょう。

夜、寝る前は、ぬるめのお風呂にゆっくり入ってリラックスするのも効果的です。

自宅にいる時は思いっきりラフな格好で過ごしましょう。

また、素の自分を見せることができる友人や恋人、また家族と過ごす時間を大切にするのもいいと思います。

仕事というものはどのようなものであれ緊張感を与えられるものですが、とくに「人に見られる」仕事においては強い緊張を強いられます。

その緊張をやわらげてあげる時間を大切にすることが重要です。

↓

緊張した心をやわらげる時間を大切に。

17 いつも偉い人と一緒にいる仕事にストレスを感じる時

ある二十代の女性は優秀な能力と、また人当たりの良さを見込まれて、勤めている会社の社長秘書に抜擢《ばってき》されました。

しかし、今、彼女は不安な気持ちで一杯だといいます。

若い女性が、年齢のかけ離れた人物、それも会社で一番偉い立場にある人といつも一緒にいなければならない、というプレッシャーがあります。

また、社長のもとにはしょっちゅう来訪者がやってきます。それも地位の高い人物ばかりで、そんな相手に失礼なく接しなければならないという思いもプレッシャーになります。

加えて、社長秘書という仕事は、いい相談相手になってくれるような同僚が周りにいません。そのような状況の中で彼女は精神的に不安定になり、ときどき大声で泣き出してしまいたくなってしまうそうです。

偉い人が見ている前では「完璧に仕事をこなさなければならない」という意識が強まりがちですが、それが大きなストレスの原因になることも多いのです。完璧主義を捨て、「まあまあ無難にこなせた、といった程度でもいい」と考えることが大切です。大切なのは「できるだけリラックスする。自分で自分にプレッシャーをかけない」ということを心がけることです。

「社会的な地位の高い人」と仕事ができるというのは、滅多に経験できない貴重な体験なのです。そんな自分は得をしている、と前向きに考えるのがよいでしょう。

それに気づけば、集中力も湧くと思います。

また、その地位の高い人が、どんなことに興味を持っているかなどを研究してみるのもいいでしょう。それが自分の人間的成長につながれば、仕事への励みになります。

社長たちをお父さんだと思って世間話をし、気を楽にするという方法もあります。

↓

自分で自分にプレッシャーをかけない。

18 一日中パソコンを操作していて、心が落ち着かないという時

ホテルに勤務するある二十代の女性は、当初接客を担当していましたが、事務部門に人事異動になりました。

それからは一日中、パソコンで仕事をするようになりました。

それに伴って「肩が凝《こ》る」「目が疲れる」といった身体的な症状とともに、「ちょっとしたことで怒りっぽくなった」「気持ちが落ち着かない日が増えた」「落ちこみやすくなった」といった精神的な症状も感じるようになったといいます。

現在、どこの会社であってもパソコンなしには仕事が進まない状態になっています。

それに伴って、彼女のような心身の変調を感じる人も増えてきているようです。

ここで大切なのは、頭と体のバランスを保つ工夫をする、ということです。

パソコン業務を続けていると、どうしても運動不足になります。

また人工的な画面ばかり見つめることになって、自然の風景を目にしたり、体で風

や日光などを感じ取る機会も少なくなります。そのために頭と体のバランスが悪くなっていきます。それが原因で体だけでなく心の調子に乱れが生じてしまうことも多いのです。

そこで、お昼休みなどの休憩時間には、自然の豊かな公園などに行ってリラックスしたり、仕事帰りにスポーツクラブなどで汗を流す習慣を持つのもいいでしょう。

自宅では、なるべくテレビや携帯電話など明るい画面を見つめないように心がけるのがいいと思います。

また、パソコンでの仕事は事務処理が中心ですから、頭を使って何かを創造するという機会も少なくなります。これも頭と体のバランスを崩す原因になりますから、頭を使って何かを作る趣味を持つこともよいでしょう。

たとえば料理や活花《いけばな》など自分なりの創意工夫でものを創造する趣味を持つのもいいでしょう。

↓ **頭と体のバランスを良くする。**

3章

仕事の悩み編　その2

19 これといった理由はないのに、会社を辞めたくなった時

人には、「仕事が嫌いなわけではない。待遇に不満があるわけではない。上司に頭にきているわけでもない。だけど急に会社を辞めたくなってしまった」ということが時にあるものです。

そのために朝起きるのが辛くなり、満員電車に乗るのがイヤになり、職場の同僚と顔を合わせるのが苦痛に感じられてきます。

はっきりとした具体的な理由はなくても、そのような心理状態になる背景はあるのでしょう。

まずは自分自身の生活を見直してみて、いったい何に原因があるのか考えてみるのがいいと思います。

「仕事が忙しく、疲労が溜まっている」

「仕事がマンネリになり、今の仕事に飽き飽きしている」

「生活が仕事一辺倒になってしまって、個人的な生きがいを失っている」
などといったことが背景にあって、「これといった理由はないけど会社を辞めたい」
といった心境になっているのではないでしょうか。

そうであれば、次のような対応策を考えてみたらどうかと思います。

長年働いているうちに、知らず知らず仕事人間になっていることも多いものです。意識して仕事以外の楽しみや人間関係を持つといいかもしれません。

また、絶えず新しいものへチャレンジしていく精神を忘れないことです。新しいことにチャレンジしている限り、精神的にも新鮮でいられます。

心がリフレッシュすれば、会社へ行くのも楽しくなるでしょう。

ある意味、上手くいっている仕事ほどマンネリになりやすいのです。仕事が上手くいっていない時は、「どうすればいいか」必死に考えたり試したりするから刺激があります。仕事が上手くいっている時こそ注意です。

↓

心に新鮮な空気を入れる。

20 人づき合いが上手い同僚に嫉妬心《しっとしん》を感じるという時

「人づき合いが上手い」というのは、確かに仕事をする上で大切な武器の一つになると思います。取引先やお客さんとすぐ仲良くなれるような人は、それだけ人脈も広くビジネスチャンスも増える、ということもあるでしょう。

「人づき合いが苦手」という人は、人づき合いが上手い同僚が近くにいると、どんどん差をつけられていくようで気が気ではないのかもしれません。

嫉妬心《しっとしん》からも心を揺さぶられるでしょう。

また、そんな人づき合いが上手い同僚と自分とを比べて、自己嫌悪の感情に苦しむことにもなるのではないでしょうか。

人づき合いが上手いからといって、必ずしも仕事ができるとは限りません。人間関係のしがらみから、取引先やお客さんに厳しいことを言えなくなる場合も多いのです。

ビジネスはシビアな世界です。取引先やお客さんとあまりベタベタ仲良くなるより、ある程度距離を置いてクールにつき合っていくほうがいい場合も多いのです。

その意味では、人づき合いが苦手だからといって、ビジネスの世界で不利に立たされるわけではありません。

ビジネスの目的は「人と仲良くすること」ではありません。お互いに利益となるような仕事を提案し進めていくことです。

たとえば学校では、友だちが多いからといって、その生徒の成績がいい、というわけでもなかったと思います。

友だちを作るのが下手な生徒でも、一生懸命勉強して優秀な成績を上げていた生徒もいたと思います。

会社も同じです。人づき合いが下手でも誠意を持って働けば、いい成果を上げることができます。そして取引先や上司からの評価も高まります。

人づき合いが下手ということを、あまり気にすることはありません。

↓ 仕事は成果だと割り切る。

21 突然の人事異動の命令に戸惑っている、という時

サラリーマンには異動や転勤はつきものです。

しかし、突然の人事異動の命令で、慣れ親しんだ職場から他の職場へ移るという時には、「精神的に戸惑う」という人も多いようです。

ある男性は群馬の支店から大阪の支店へ異動することになりました。

これは彼にとって栄転でもありました。

しかし、その会社に入ってから群馬支店以外で働いた経験のなかった彼は、大阪への異動に大いに戸惑ったといいます。

「大阪のような競争の激しい大都会で、自分はやっていけるんだろうか」という不安もありました。

また、群馬と大阪では文化も言葉も、そこで暮らす人たちの気風も異なります。

「はたして自分が大阪で受け入れてもらえるだろうか」という不安もありました。

このようなケースで、転勤先でもこれまで通りの平常心で仕事を続けていくための方法について考えてみたいと思います。

職場を移る時には、「転勤先の人たちに早く認めてもらいたい」という気持ちから、ついがんばりすぎてしまう人が多いようです。

しかし、そんな「がんばりすぎ」が、かえって平常心を失う原因になる場合もあります。

転勤先でも「自分のやるべきこと」をしっかり見つめ、最初は飛ばしすぎず、徐々にペースを上げていくほうがいいでしょう。

転勤先で「美味しいレストラン」「寛《くつろ》げる喫茶店」「散歩にいい公園」などを早く見つけて、その土地になじむようにするのもいいでしょう。

また、親しい同僚や友人を作ることも大切です。

↓

「早く認めてもらいたい」と、がんばりすぎない。

22
仕事の失敗が原因で暇な部署に追いやられてしまった、という時

仕事が忙しすぎることは、その人の精神的な安定を乱す大きな原因になります。しかしながら、心の安定を乱す原因は「忙しい仕事」ばかりではありません。「何もやることがない」という状況も、その人の心の安定感を乱す大きな原因になります。

ある男性は仕事で大きな失敗をした責任を取らされる形で、第一線からはずされてしまいました。営業部門から倉庫での仕事に異動になったのです。

倉庫での仕事は、そこで働くアルバイトやパートの人たちがちゃんと仕事をしているか監視しているだけのものでした。いつも定時に帰ることができるのです。

そんな環境の中で、彼は「能力もやる気も十分にある自分が、やりがいのある仕事を与えられず、日の当たらないこんな場所でブラブラしているなんて耐えられない。自分が情けない」という思いで、イライラが止まらなくなったり、泣き出したくなるような気持ちにさせられるといいます。

「自分はもうこの会社にいてもしょうがない」という投げやりな気持ちになることも

あります。しかし一方で、「もう一度チャンスをつかんで、汚名《おめい》を返上《へんじょう》したい」という気持ちも強いといいます。

このような状況にある人が心を立て直し、前向きに進んでいく方法を何か考えてみたいと思います。

一つは、無心となって汗水を流す方法があります。アルバイトやパートに混じって体を使う仕事に無我夢中で取り組んでもいいでしょう。体力がつくことで、精神的に自信がつき、気持ちが前向きになっていくこともあります。

また、定時に帰れることを活用して自分の仕事力を高めるための勉強をする方法もあります。ちょっとでも自分が成長していることを実感することが、やり直すための自信と勇気を与えてくれます。

「何もすることがない」状況の中で、自分なりに「何かやる」ことが、逆境にある心を立て直してくれるはずです。

↓

無心になって汗水を流す中で、何かが見つかる。

23 大学時代の友人たちと比べて自分がミジメに思えてきた時

ある美術大学を卒業した女性は、デザイン会社の下請けとしてイラストを描く仕事をしています。

美術大学時代の友人たちには、絵の勉強のために海外へ留学した人もいます。また留学先の外国で認められて活躍している人もいます。

国内にいる友人たちも個展を開いたり、ホテルの内装に飾る大きな絵を描いたり、活躍している人たちがたくさんいます。

そんな大学時代の友人たちの活躍の様子を知るたびに、彼女は脚光を浴びるような仕事もできずにいる自分がミジメに思えてきて、どうしようもない気持ちになってしまうというのです。

この彼女のように、活躍する大学時代の友人と自分とを比べて落ちこんでいる人は他にもいるかもしれません。

そんな自分を支えていく一つの方法として次のようなものがあります。

自分で自分自身に向けて、励ましの手紙を書くのです。日記でもいいでしょう。

文字にして書くという行為自体に、心を静める効果があります。

また、文字にして書くことで、現状の自分自身が客観的に見えてきます。

「自分に足りないものは何か」「これからどうすればいいか」が見えてきます。

お寺ではよく写経会が行なわれます。

般若心経《はんにゃしんぎょう》などのお経を、静かな環境の中で書き写すのです。

お経の意味を詳しく理解していなくても構いません。ただひたすら文字を書き写すことによって、乱れがちな心が静まっていくのです。

「手紙を書く」「日記を書く」ことでもよいでしょう。文字を書くという行為自体に、心を静める効果が期待できます。

また、それは自分自身の人生を冷静に見つめるきっかけにもなるでしょう。

↓

自分を励ます手紙を書く。

24 お客さんの希望にそうことができない自分にストレスを感じる時

ある銀行の融資担当をしている若手の男性社員がいます。

彼は最近、自分の仕事にストレスを感じることが多いといいます。その理由は、「お客さんの要望に完全にこたえられない」ということです。

お客さんに「このような事業計画があるので、計画実現のために必要になるお金をこれくらい融資してほしい」とよく頼まれます。

彼とすれば、「お客さんの要望に100パーセントこたえてあげたい」と思います。

しかし、上司に相談すると、「お客さんの要望通りの金額を融資するのは、とても無理だ」という話になってしまうというのです。

彼はそのたびに、「お客さんの要望に100パーセントこたえてあげられない自分は、銀行マンとして能力がないのだろうか」と気持ちが落ちこんできてしまうのです。

ビジネスマンであれば誰でも、お客さんの要望と会社の都合の板挟みになって思い悩むことが多いのでしょう。

つまり、そういう悩みを持つことは決して「自分の能力のなさ」が原因ではない、と理解するのがいいと思います。実際には、お客さんの要望に100パーセントこたえるのは不可能といっていいのではないでしょうか。それよりも有能な社員は、お客さんも会社も両者が納得できる接点を見つけ出すのが上手いのです。

このようなケースでは、視点を変えることが、心の落ちこみから脱出し平常心を取り戻すきっかけになるのではないでしょうか。

それは「お客さんの要望に100パーセントこたえる」という視点で仕事をするのではなく、「お客さんも会社も両者が納得できる接点を見つけ出す」ことを視点に仕事をする、ということです。

言い換えれば、それは「理想を追う」のではなく「現実的な仕事をする」ということです。実現不可能な理想を追うことが心の乱れの原因になるのです。

↓

お客さんと会社、両者が納得できる仕事をする。

25 派遣社員で独身という状態に不安を感じる、という時

生活の基盤が不安定な状態にあることは、精神的なものにも影響します。

ある女性は派遣社員として会社で働いています。

そんな彼女は、「派遣社員はいつ解雇になるかわからない。収入も不安定だし、これからの人生を考えると、不安でしょうがない」といいます。

また、彼女は三十代後半ですが、田舎から上京して独身で一人暮らしをしています。

ですから、「もし急に病気になったり怪我をした時には、身近に誰も助けてくれる人がいない。その時自分はどうなってしまうんだろうと考えると、心細い」ともいいます。

非正規雇用が増え、また結婚しない人の数が増えている現在、この彼女とおなじような不安感や心細さを感じながら暮らしている人が多いのかもしれません。

しかし、だからといって、今の自分の生活を急に変えることもできないと思います。

現状の生活の中で、心を弱らせることなく、落ち着いた気持ちで暮らしていく方法

を何か考えるのがいいと思います。

たとえば、趣味の会や勉強会などに参加して友人をつくる方法があります。世の中から孤立していると、不安や心細さがいっそう強くなってしまうからです。

近くのスポーツジムや自治会活動などを通して、ご近所の人たちと顔見知りになっておくのもいいでしょう。ときどき、世間話などもして、親しくつき合っておきます。

もちろん、離れて暮らす家族とのつながりを大切にしておくのも重要です。電話をし合ったり、定期的に手紙を交換して近況報告しておくほうがいいでしょう。

大切なのは、色々なチャンネルで「人とのつながり」を作っておくことだと思います。たとえ一人暮らしであっても、「自分のことをよく知っていて、気軽に話をできる人がいる」「金銭的に困った時は、最後には家族に頼れる」「何かあった時、助けを求められる人が近所にいる」ということであれば、安心して暮らしていけるのではないでしょうか。

↓

多種多様な「人とのつながり」を作っておく。

26 職場に一人残されて残業しなければならなくなった時

仕事が遅れて、自分一人だけで職場に残って残業しなければならない時があります。自分の責任なのですからしょうがないのですが、同僚も上司もみんな帰ってしまった職場で一人だけで残業していると、そんな自分がミジメに思えてきます。

「同僚の○○さんは今頃恋人と楽しい時間を過ごしているかもしれない。△△さんは家でゆっくり寛いでいるんだろうか。上司の□□さんはご家族と団らんの時を過ごしているだろう。なのに私はまだ職場であくせく働いている」と、自分だけが不幸のどん底に突き落とされたような気持ちになってしまうのです。

しかし、そのような思いから集中力を失えば、ますます仕事が遅れてしまうばかりでしょう。

このようなケースで仕事に集中し、さっさと仕事を終わらせてしまうために心得ておくべきことは何でしょうか。

楽天の発想をして、「周りの同僚も上司もいないから、こんな静かな環境で仕事ができる。電話もかかってこないから、それだけ仕事に集中できる」と考える方法があります。

周りに誰もいない静かな環境で仕事ができるのだから、開き直ってこのような機会に、自分自身の仕事についてじっくり考えてみるのです。画期的ないいアイディアが浮かんでくるかもしれません。

残業を「やらされている」と考えると落ちこんでしまうばかりです。「自分の成長のために、自分から望んでやっている」と考えるといいでしょう。

大切なのは、自分が置かれた状況を否定的に考えないことだと思います。

ある意味、一人きりになれるから、それだけ仕事に集中できるのです。

そのような状況を前向きに考えることで、気持ちも落ち着いてきて仕事が早く終わると思います。

↓ **自分が置かれた状況を否定的に考えない。**

27 「大規模なリストラが行なわれる」という噂に振り回された時

会社には色々な噂が日々飛び交っているものです。

「部長は今度の人事で地方に飛ばされるらしい」

「営業部の○○さんが離婚の危機にあるそうだ」

「うちの会社は今度、他の会社と合併するらしいぞ」

そんな噂が直接自分に関わらないことであれば、それほど心を乱されることはないでしょう。

しかし、自分の立場や将来に関わってくる噂だとなると、気が気ではなくなります。その噂が真実であるのかどうか気にかかって、仕事に集中できなくなってしまう場合もあるのです。

たとえば、「今度大規模なリストラが実施されることになるんだが、○○事業部にいる人は赤字が続いているから退職勧告を受けることになりそうなんだって」といった噂が社内に流れたとします。

その○○事業部に自分自身が在籍している場合、これはもう気が気ではなくなって仕事に手がつかなくなってしまうのではないでしょうか。

まずは、噂に振り回されて仕事の生産性が落ちれば、ますます自分の立場が危うくなると知ることです。自分が今やるべきことに全力を傾けるほうがいいでしょう。

その噂が真実であるか、たんなるデマであるかはわからないのです。デマである可能性も大いにあるのですから、あまり真剣に考えすぎないほうがいいでしょう。

どうしても不安でしょうがない時には、その噂が本当かどうか直接上司に確かめるのも一つの方法です。

とはいえ「もしその噂が本当だったら」ということも念頭に置き、その時の対応策も考えておくべきでしょう。対応策があれば、噂が真実であった時に、平常心を失って慌《あわ》てずに済みます。

↓

噂話を真に受けない。しかし念頭には置いておく。

4章

日常生活編

28 セールスのしつこい電話に頭に来た、という時

買う気がまったくないのに、しつこい悪徳セールスの電話に気持ちが滅入《めい》ってしまった、という経験を持つ人もいると思います。

「いくら断ってもあきらめないセールスに頭に来た。電話を切った後も怒りがおさまらず、つい近くにいた家族に八つ当たりしてしまった」

「突然かかってきたセールスの電話がしつこく、その日は一日中イヤな思いを引きずってしまった」

「セールスの電話への対応に疲労困憊《こんぱい》してしまって、その後何もやる気が起こらなくなってしまった。一日をムダにしてしまった」

といった経験です。

そのように「しつこいセールス」は、電話を切った後までその相手に不快感を与えてしまうケースが多いようです。

こういう場合には、セールスの担当者の話につき合うことはありません。「必要ありません」「興味ありません」と、こちらから電話を切ってしまってもいいと思います。

相手が話をしている途中でもかまわないから、電話を切るのです。

大切なのは、買う気がないなら、セールスの担当者にしつこく粘《ねば》られる前に、電話を切ってしまうことだと思います。

そうすれば「しつこいセールス」に、心を乱されることもありません。不愉快な思いをその後まで引きずることもありません。

こちらから電話を切ってしまうことに、罪悪感をおぼえる必要はまったくありません。「興味がないことは、ないけれど」「考えておきます」「今は忙しいから、また後でお願いします」といった、あいまいな返事は禁物です。

そのためには、相手と会話をしないことです。「いりません」のひと言で電話を切ってしまうことです。

↓

セールスの電話は、問答無用ですぐに切る。

29 長い時間集中力が持続しない自分が情けない、という時

人間の集中力が持続するのは、それほど長い時間ではありません。

脳科学などの専門家の話では、一般的に45分くらいだそうです。

仕事をするにしても、本を読むにしても、勉強をするにしても、だいたい45分ぐらい経つと集中力が乱れてきて、気が散漫になってきます。

ただし、この「45分」という時間には、もちろん個人差があります。

60分集中力が続くという人もいるでしょうし、30分で集中力が途切れてしまうという人もいるでしょう。

しかし30分で集中力が途切れてしまう人は、60分集中力が続くという人に比べて生産性が低いのかと言えば、必ずしもそうではありません。

ちょっとした休憩時間を入れれば、集中力がまた復活します。

ですから、たとえば30分ごとに休憩を入れながら合計で2時間本を読んだ人は、60

分経って集中力が切れて本を読むのをやめてしまった人よりも、多くのページを読みたくさんの情報を仕入れたことになるのです。

要は、自分がどのくらい集中力が続くのかよく知り、それに合わせて適度な休憩を入れていけばいいのです。

たとえ「長い時間集中できない」という人であっても、休憩を入れるタイミングを工夫することで、一日のトータルとして大きな生産性を上げることができるのです。

がんばり続けるよりも、適度な休憩を入れていくほうが、生産性は上がります。気持ちが乱れてきた時には、深呼吸したり、飲み物を飲んだりして、気分転換をはかるのがいいでしょう。

言い方を変えれば、集中力が続く時間帯を越えてなお「もっとがんばろう」とするから、かえって心が乱れ気持ちが焦ったり、イライラしてくるのです。集中力が続く時間帯を越えそうになったら、そこでいったん小休止を取ることです。

↓ トータルの生産性で考える。

30 なんとなくウツ気分が何日も続く、という時

「なんとなく元気が出ない」

「なんとなく人に会うのが面倒臭い」

「何をやっても、なんとなく楽しめない」

こんな「なんとなく」という気分の日が何日間も続く時があります。

うつ病といった病気ではないことは、はっきり自分でも自覚できていても、ただ「なんとなく、ウツ気分」といった状態のまま、そこから何日も立ち直れないのです。

生活の中で感動することがなくなると、気分は落ちこんでいきます。

生活の中で喜びがなくなると、気持ちが弱くなっていきます。

ですから、そういう人は、感動すること、喜べることを探すのがいいでしょう。

そのためには情報収集と、新しいことにチャレンジする行動力が大切です。

若い感覚を持っている人は、心身共にエネルギーにあふれていますから、誰に言わ

れなくても自分からどんどん新しいことにチャレンジしていくことができるでしょう。新しいことにチャレンジすれば、そこに感動や喜びが生まれます。

しかし、好奇心がなく、新しいことにチャレンジすることが面倒臭い人は、それに従って「なんとなくウツ気分～」という日が増えてくるのです。

そういうタイプの人は、面倒臭く思うことなく、今の世の中ではどんなことが起こっているのか小まめに情報収集を行なって、興味を持ったことにチャレンジしていくのがいいと思います。

そうすれば生きていくことに感動や喜びが生まれます。

時に「元気が出ない」という日があっても、それが何日間も続くことはなくなるでしょう。

↓ **世の中には自分の知らない「面白そうなこと」がたくさんある、と知る。**

31 インターネット上で悪口を広められた時

最近、「インターネット上で、まったく根拠のない悪口を広められて困っている」という話をよく聞きます。

それも実名を上げられて、デタラメな話を広められてしまうというのです。

以前から、芸能人や有名人には、よくそのようなことがありました。しかし、最近では、一般の人たちもそのような被害に遭うケースが出てきているようです。

「あの人は仕事で不正を働いている」だとか、「彼女は妻子ある男性とつき合っている」だとか、「彼は怪しい団体にかかわっている」といった悪質な悪口をネットに書き立てられるのです。

繰り返しておきますが、まったく根拠のない悪口なのです。犯人は自分の身近にいるのは確かなのですが、誰が犯人か特定するのは難しいのが現状のようです。

もちろん悪口を書かれた本人は精神的にショックを受けます。

このようなケースで平常心を失わずにいるためには、どのようなことに注意する必要があるのか考えてみたいと思います。

一つには、「相手にしない」ということだと思います。無視するということです。

インターネットはしょせん、リアルの世界とは違った狭い世界です。「ネット上の自分に関する記事を読んで誤解する人も現れるのではないか」と心配になる人もいるかもしれませんが、それに神経を使いすぎると結局平常心を失って仕事や生活に集中できなくなるだけです。

また、「周りの人たちは自分の人間性についてはよく知っているはずだ」と信じて、あまり心配しないほうがいいと思います。

そして、ネットの世界は時間の流れがとても速いものです。いずれ、そんな根拠のない悪口はネット上から消え去ってしまうでしょう。そう考えて、いつもと変わらない生活をたんたんと続けていくのがいいでしょう。

↓

ネット上の悪口は無視する。

32 日々人と接することに疲れ果ててしまった時

苦手な人に会ったり、話をしたり、あるいは周りの人たちと一緒に共同作業をすることは、精神的にとても疲れるものです。

その疲労感が日々溜まっていくことも、心の乱れの大きな原因になっていきます。

この疲労感が強い人の中には、満員電車の中で突然「もう何もかもイヤになった。会社なんて行きたくない」という思いに襲われたり、ふだん仲良くしている人に理由もなく意地悪なことをしたくなる、という人もいるかもしれません。

このような時には、対人関係による精神的な疲労をこまめに解消するよう日頃から工夫しておくほうがいいように思います。

対人関係からもたらされる精神的疲労を取るためにもっとも効果的なのは「一人になって静かな時間を送る」ということだと思います。

＊昼休みや自宅で「一人になる時間」を作る。

＊一人で行けるコーヒーショップや図書館などを、日常生活の行動範囲の中に作っておく。
＊音楽を聴いたり、本を読んだりしながら「心を静める」時間を大切にする。
＊散歩を楽しむ時間を持つ。
＊ときどき、旅行をしてみる。
＊マイペースを心がける。

仕事や子育て、家事や近所とのつき合いなどで、一人になれる時間をなかなか作れないという人もいると思いますが、たとえ短時間でもいいと思います。
時間が空いた時を使って、一人でコーヒーを楽しんだり、散歩でリラックスするように心がければ、精神的な疲労感から平常心が乱れることを防げるのではないでしょうか。

↓

一人になる時間を持つ。

33 いつも途中で挫折《ざせつ》ばかりしている自分自身がイヤになってくる時

「本を買ってきても、最後まで読み通したことがない。いつも途中で放り出してしまう」「ダイエットを始めても、最初のうちはがんばってやるが、いつも途中で挫折《ざせつ》することになる」「仕事の企画を立てても、途中で飽きてしまってやる気がなくなってしまうことが多い」といったように持続力のない自分に自己嫌悪を感じる、という人がいます。

そんな自己嫌悪のために、何に対しても意欲が持てなくなって「何かを始める」ということ自体にネガティブになってしまう人もいるようです。

大切なのは、スタート時点で、がんばりすぎないことです。当初、猛ダッシュしていくマラソンランナーは途中でリタイアすることになりやすいものですが、それと同じです。自分のペースで努力していくほうが、物事は長続きします。

物事を長く続けていく上で大切なのは、平常心です。必要以上にやる気を燃やすのではなく、いつも通りの心境でたんたんと続けていくほうがいいのです。

また、一度挫折したことでも、時間を置いてから再スタートすることが可能なものもあります。

読書もダイエットも仕事も、ちょっと時間を置いてから再開することは可能です。やる気がなくなったからといって、放り出してしまうのはもったいないことです。

途中で「イヤになる」「飽きる」といったことは、誰にでもよくあることです。

そこで「もうやめた」と、すべてを投げ出してしまうのではなく、ちょっと休んで気分転換などして、また始める、という方法を身につけるのが、物事を長く続けるコツの一つになると思います。

途中で「小休止する」ことは悪いことではありません。最初にあまり意気込みすぎず、途中で休み休みしながら進んでいくのがいいと思います。

↓
休み休みしながら続けるのも継続のかたち。

34 一生懸命尽くしているのに、夫がちっとも感謝してくれない時

「夫に喜んでもらうために毎日一生懸命になって食事を作り、家ではゆっくり寛いでもらいたいと思って掃除もていねいにやっている。そんなに尽くしているのに、夫はちっとも感謝してくれない」と悩んでいる妻がいるかもしれません。

確かに、一生懸命に尽くして相手から感謝されないというのは、辛いことに違いありません。

ただし、人間関係では「尽くしているのに感謝されない」ということもよくあることです。ですから、あまり思い詰めることをしないで、気楽な気持ちで次のように考えてみたらいいのではないかと思います。

「夫は仕事で疲れている。『ありがとう』の言葉が出ないほど疲れているのかもしれない。しかし、心の中ではきっと感謝してくれている」と前向きに信じるのです。

そして、もっとも大切なのは、「夫のために」ではなく「自分のためにしている」

と考えることです。

このように発想を転換して、料理も掃除も「夫のためにしているのではない。自分の人生を豊かにするためにしている」と考えることもできると思います。

また、一生懸命やっていることを、「夫のため」だけでなく、「もっとたくさんの人のために役立てられないか」と考えるのです。

そのためには、自分の人生に夢を持つことです。

たとえば、「料理の腕を上げて、将来は料理の先生として教室を開きたい。そのために今は一生懸命料理に打ちこんでいる」といった夢を考えてみるのです。

「掃除や片づけの方法を自分なりに研究し、その成果をホームページでインターネット上に公開してみよう。そうすれば自分の努力が、たくさんの人に役立つかもしれない」という夢でもいいのです。そうすれば、たとえ夫に感謝されなくても、楽しい思いで家事に打ちこめるでしょう。

↓ 「夫のため」ではなく「自分のため」「多くの人のため」と考える。

35 「お金の使い道を、夫からいちいち指図される」という時

ある専業主婦の話です。生活に必要になるお金や、また自分自身が個人的に使うお金に関しても、必要なお金はすべて夫の収入でまかなっています。

専業主婦になったのは、夫の意向でした。結婚後、彼女は充実していた仕事を、「いつかは復帰しよう」と思いながら退職したのです。

それはいいのですが、彼女は最近、その夫にイライラさせられているといいます。

その理由は、細かく通帳や領収書をチェックされて、お金の使い方にいちいち口を出されることにあります。

彼女とすれば、「お金の使い道について、私は夫から信用されていないのか。夫は私が隠し事でもしていると疑っているのか」と、腹が立ってくるといいます。

お金の使い道にいちいち口を出されるのは、誰もがイヤなものです。

しかし、それは「信用されていない」からではなく、もともと相手が「お金に細か

い性格」のためかもしれません。もし相手の性格的な問題であれば、家計簿などを作ってこちらから報告するほうがいいでしょう。相手から「問われる」よりも、先手を打ってこちらから「報告する」ほうが腹は立たないと思います。

その際、お金を話題にしながら、夫婦で楽しく会話するように心がけるのがいいでしょう。「自分が自由にできるお金がほしい」と、もう一度「働きたい」意志を相手に伝えるのも一つの方法になります。

夫婦の離婚理由でもっとも多いのは「価値観の違い」「性格の不一致」というものですが、じつはこの事例のように「お金の使い道にいちいち口を出す夫に嫌気が差した」ということがきっかけになる場合も少なくないようです。

離婚にまで発展しないためには、その前に手を打つ必要があるでしょう。お金の使い道に関して「夫婦で楽しく会話する」ように心がけることも、その方法の一つになるかもしれません。

↓

お金の使い道を、楽しい会話のネタにする。

36 結婚相手からひどい悪口を言われた時

夫婦の間で絶対言ってはいけない悪口がいくつかあります。
「相手の親族の悪口」（「あなたのお母さんってケチよね。あなたも、お母さんの性格に似たのね」といった悪口）
「身体的な特徴に関する悪口」（「ブス」「ハゲ」「デブ」といった種類の悪口）
「相手の人格を全否定するような悪口」（「おまえは女として最低だ」といった悪口）
このような種類の悪口は、他人同士であればよほどのことがない限り、口にはしません。しかし、相手が結婚相手となると、遠慮することなくついそんなひどい悪口を相手にぶつけてしまうこともあるのです。もちろん、そんな悪口を言われたら心がかき乱されます。怒りからどうしようもない気持ちになります。
感情的になって発したひと言が原因で離婚にまで発展してしまうこともあります。
ここでは、相手からそんなひどい悪口を言われた時のことを考えたいと思います。

もしひどいことを言われたら、それ以上言い返さず、その場を離れる方法もあります。

たとえば旅行に行くとか、実家へ帰るなど、しばらくの間生活の場を離すのも一つの手段です。

相手から離れたところで結婚生活のことを考え直す時間を得るのです。静かな環境で、心おだやかに考えれば、自分にとって一番大切なのは誰かがわかってくるはずです。

同じ家の中で顔を突き合わせていると、お互いに感情的になって夫婦関係が険悪化していくばかりでしょう。

相手の顔が見えない、静かな環境に身を置くうちに、自分自身の心も落ち着いてくるでしょう。

そうすれば、つい口に出た「ブス」「ハゲ」のような悪口が原因で離婚することなど愚かなことだと思えてくるでしょう。

↓

少し物理的な距離を置いてみる。

37 「いい妻、いい母」を演じ続けることに疲れた、という時

ある専業主婦をしている女性は最近、「夫の前ではいい妻、子供の前ではいい母親を演じ続けることに疲れてしまった」という悩み事を抱いています。

どうにかがんばって毎日家事をこなしているのですが、「いつ気持ちが切れてしまうか、わからない。気持ちが切れた時のことを考えると、自分でも怖い」といいます。

このような状況にある女性が、もっと楽な気持ちで暮らしていく方法を考えてみたいと思います。

「演じている」という意識があるのは、「無理をしている証《あかし》」です。

無理をしていると、いつか気持ちの糸が切れることになります。

たとえ、いい妻、いい母親ではなくても、自然に自分らしくいるほうが、安らかな気持ちでいられると思います。

毎日完璧に家事をこなさなくてもいいのです。掃除、洗濯、料理は、ときどき手抜

きしてもよいでしょう。

上手に手抜きをできる人のほうが、心を立て直すのが上手いのです。ときどき、妻や母親という役目を捨てて、「一人の女としての自分」に戻れる時間を持つようにするのがいいと思います。そのために趣味やスポーツの会に参加するという方法もあります。

「いい母」「いい妻」であろうとするがんばりは貴《とうと》いものです。しかし、夫は「いい妻」よりも、「いつも明るい妻」であってほしいと思っているのではないでしょうか。子供はきっと「いい母親」であるよりも、「やさしい母親」でいてほしいと考えていると思います。

もしそうなら、むしろもっと気楽に自分らしく暮らしていくことを、自分自身に許すことを心がけるほうがいいと思います。

そうすれば心の平安に包まれ、家庭もきっとうまくいくでしょう。

↓ 自分で自分を「いい妻」「いい母親」という概念で縛らない。

38 癒し系の音楽を聴いていると気持ちがイライラしてくる、という時

弱った心を安らげるために、癒し系の音楽を聴きながらボンヤリしたり、癒し効果のある香りをかぎながらのんびりと寛《くつろ》ぐ時間を持つようにしている、という人も多いと思います。

確かに「ボンヤリする」「のんびりする」ことは、心を安らげる効果があります。

しかし一方で、「ボンヤリしたり、のんびりしていると、かえって気持ちがイライラしてくる」という人がいるのも事実です。

これは、その人の性格的なものが影響しているのでしょう。

このタイプの人はむしろ「何かしている」ほうが気持ちが安らぎ、心が安定します。

＊英会話の勉強や、資格試験の勉強に没頭する。

＊スポーツクラブでダンスやランニングなどやや激しい運動をする。

＊ボランティア活動などの社会貢献に励む。

このタイプの人は多少仕事などで疲れていてもボンヤリ、のんびりするのではなく、このような活動的なことをするほうが心が安らぐのです。

たとえば「癒し系の音楽を〝聴く〟」のではなく、「癒し系の音楽を〝自分で演奏する〟」だとか、「癒し系の音楽で〝踊る〟」といった方法を取るほうが、このタイプの人にとっては心が癒されるのです。

また、「癒し効果のある香りをかぎながらのんびりする」というよりも、「アロマテラピーの講座に参加して、みずから香りの研究をする」といった方法を取るほうが、このタイプの人にとってはかえってよいのです。

これは人それぞれの性格の違いですから、何もしないでいるほうが心は安らぐのか、それとも何か積極的に活動するほうが心は癒されるのか、自分なりに自分の性格を判断するのがいいと思います。「自分の性格に合ったことを楽しむ」ことが、精神の安定のためにもっとも効果的です。

↓ **自分自身の性格を知って、何を楽しむか決める。**

5章

人生の悩み編

39 自分に自信が持てないで悩んでいる、という時

自己評価が低い人がいます。

周りの人たちに比べて、仕事も、人間関係も、教養も、性格的なものも、すべてが劣っているように思えます。

そのために自分に自信が持てません。

また、ちょっとした失敗で「私は、やっぱりダメだ」とすぐに落ちこんでしまいます。いったん落ちこむと、なかなか立ち直れないのも、このタイプの人の性格です。

このような自己評価が低い人がおだやかに安らかに暮らしていくために心得ておくべきことを考えてみたいと思います。

＊自分と他人を比べる癖をやめる。
＊「劣っている、優れている」という価値判断をやめる。
＊自分と他人を比べるのではなく、憧《あこが》れの人の真似をする。

心理学に「モデリング」という言葉があります。

モデリングは、簡単に言えば「真似する」ということです。

たとえば、憧れの人物、いつも自信満々でいる人、周りの人たちに好かれている人の真似をすることで、自分がその人に近づいたように思えて自信がついてきます。

自己評価が低い人は、他人と自分とを比べて、自分が劣っている部分だけを強く意識してしまう思考の癖があります。

このようなタイプの人は、「比べる」のではなく「真似する」ように心がけることで、一時の心の乱れを直し、生きる自信を得るきっかけをつかめることがあります。

ただし、いつまでも「他人の真似」をしていても、本当の意味での生きる自信が生まれません。徐々に自分ならではの個性的な生き方を実現することで、本当の意味での自信が生まれます。

↓

憧れの人の真似をしてみる。

40 失敗をいつまでも忘れられない自分がイヤになる、という時

失敗をしても上手に気分転換して、自分がそんな失敗をしたこと自体をすぐに忘れられる人がいます。

このようなタイプの人は、あまり心を乱すことはありません。

自分のペースでたんたんと生きていけます。

一方で、失敗した体験をいつまでも忘れられない、というタイプの人もいます。

「どうして、こんな事態になったんだ。いったい何が悪かったんだ」と、いつまでもウダウダ悩み続けてしまうのです。

心を乱しやすいのは、このタイプの人です。

過去の失敗にいつまでもこだわっているために、今すべきことに集中できなくなります。また、いつまでも過去を引きずる自分自身に自己嫌悪を感じ、それもまた心の乱れの原因になります。

この「忘れられない」というのは、その人の性格ですから、改めようと思ってもそう簡単にはいきません。そこで、どうせ忘れられないなら「徹底的に考え抜く」という方法で心を立て直すこともできると思います。

＊失敗した原因を、細かいことも含めてノートに書き出す。
＊その原因を自分なりに分析してみる。
＊今後、どういうことに注意すれば、同じ失敗を繰り返さないかを、ノートに書き出す。
＊一方で、この失敗を反省材料として、成功のヒントが生まれないか考えてみる。

このように徹底的に分析し理性的に考え抜くことで、失敗をただの失敗に終わらせるのではなく、次の成功の材料にしていくことができると思います。

このような理性的な作業を行なうことで、落ち着いた気持ちになり、失敗に向かい合うことができるようになるのではないでしょうか。

↓ **失敗を理性的に分析してみる。**

41 がんばることに迷いや虚《むな》しさを感じた時

学生時代は、ある意味、がんばった成果を確認できるチャンスが多くありました。勉強をがんばれば学期ごとのテストでいい点を取れました。成績表でもよい評価をされ、優秀な学校へ進学できました。スポーツでがんばれば、年に何度か行なわれる競技大会でいい成績を残すこともできました。

しかし、社会人になると、そのような「がんばった成果を確認できるチャンス」はそうたくさんありません。

仕事でがんばっても、営業以外は仕事の成果というものはすぐに成果としては表れてこないケースが多いと思います。

中には、一年や二年がかりで成果を出すような種類の仕事もあります。

ですから、すぐに自分の努力がどれだけ実っているのか、自分がどのくらい成長しているのか確認できるチャンスがあまりないのです。そのために、「なにかムダな努力をしているような気がする」という迷いが心に生じることになります。

また、会社で仕事をしている人ならまだいいとも言えます。

家庭の主婦などは、毎日一生懸命になって家事をしても、その努力がどのような成果に結びついているのか確認できる手段がずっと少なくなります。

そのために、「私はいったい何のためにがんばっているのだろう」という虚《むな》しい気持ちにさせられることにもなります。

そういう場合は次のように考えるといいでしょう。

＊無闇に成果を求めるのではなく、がんばること自体を楽しむよう心がける。

＊がんばりすぎず、かといって怠けることもなく、自分のペースでたんたんと努力していく。

＊心身をリフレッシュする時間も大切にする。

マイペースでコツコツがんばっていけば、必ず実りある人生が実現すると思います。

↓

がんばりすぎず、怠けずに歩いていく。

42 傷つきやすい性格の自分がイヤになった時

ふつうの人であれば「こんなことは、たいしたことじゃない」とすぐに忘れることができるのに、非常に傷ついてしまう人がいます。

たとえば、友人にイヤミなことを言われたとします。

ふつうの人であれば、あまり気にすることもなく、笑い飛ばして終わってしまい、次の日になれば、そんなイヤミを言われたことなど忘れてしまうようなことです。

しかし、傷つきやすいタイプの人は、笑って済ますことができません。

いつまでも忘れることもできません。

「友人にイヤミを言われた」「食事会に自分だけ誘われなかった」「知り合いに挨拶しても、返事をしてもらえなかった」など、日常生活の中で起こるさまざまな「ちょっとしたこと」で心を傷つけられてしまうので、このタイプの人の心は休まる時がありません。

安らかな心で暮らしていく工夫はないのでしょうか。

大切なのは、一人で思い悩まないことです。ますます気持ちが落ちこんでいくことになります。

傷ついた自分をやさしく受け止めて話を聞いてくれる友人を見つけるのがいいと思います。その人は家族、あるいは恋人や友人など、ごく身近にいる人がいいでしょう。人に話を聞いてもらうことで、少しは気持ちが落ち着いてきます。

また、誰かに自分の気持ちを理解してもらうことで、人生を前向きに考えることができるようになります。

「傷つきやすい人」にとって何より大切なのは、「一人で思い悩まないこと」だと思います。身近に誰かいい相談相手を見つけて、傷つくことがあった時にはその人に話を聞いてもらうのがいいと思います。いい相談相手がいることが、「何があってもだいじょうぶ」という安心感を与えてくれるでしょう。

↓

親身になって話を聞いてくれる人を探す。

43 物事を悲観的に考えがちな自分の性格に苦しめられる時

きまじめで責任感が強い人ほど、ちょっとしたことで気を病んでしまうことが多いようです。

たとえば、他人から借りていたものを過《あやま》って壊したり、なくしてしまった場合です。相手は「それほど貴重なものではありませんから、かまいませんよ。気にしないでください」と言ってくれているとしましょう。

しかし、きまじめで責任感が強いタイプの人は、強く気を病んでしまいがちです。

「人に迷惑をかけてしまった。今回のことばかりじゃない。いつも私は人に迷惑をかけてばかりいる」と自己嫌悪におちいります。

「相手は『気にしないでいい』と言ってくれているけれど、このままでは済まない。しかし、いったいどうやって自分の失敗を償《つぐな》えばいいのか」と思い悩んでしまいます。

そして、「私はもうあの人から信用を完全に失ってしまった。私はダメ人間だ」

と、自分に自信を失ってしまいます。

こんなタイプの人が動揺した心を立て直す方法を考えてみたいと思います。

人に迷惑をかけたことを気に病みすぎることは、相手によけいな心配をかけることになる、と気づくことが大切です。

「気にしなくていい」と言ってくれる相手の言葉に素直に従って気にしないでいるほうが、相手もホッとします。

きまじめで責任感が強いタイプの人は、「あの人に迷惑をかけた」と気に病みます。しかし、こちらが気に病んで落ちこんでいる様子を見ると、相手も「こんなことで落ちこむことなどないのに。早く元気になってほしいものだ」と心配してしまいます。

ですから、相手の「気にしないで」という言葉に従って、忘れてしまうほうがいいのです。そうすれば相手も安心します。それに早く気づくことが大切です。

↓

自分が「気にしない」ことが、相手のためにもなる。

44 八方美人の自分自身がイヤになってきた、という時

人間関係でストレスを溜めやすい人に「八方美人タイプ」がいます。

誰に対しても「好かれたい」という気持ちが強く、自分自身の本心を隠して相手と話を合わせたり、自分のやりたいことを我慢してまで相手の行動に合わせたりする、といったタイプの人たちです。

このタイプの人たちは、人から好かれるために自分の自然な欲求を抑えこんでしまうことが多いので、それがストレスになって精神的に不安定になりやすいのです。その結果、ささいなことで急に感情的になって怒り出したり、わけもなく悲しくなって泣き出したりする、ということがよくあります。

こういう場合、次のように考える方法があります。

「人に好かれたい」と考えるよりも、「人に不快感を与えなければいい」と考えるのです。不快感を与えないための社交上の礼儀を心がけておけば、人間関係はそれで十

分だと考えるのです。そのほうが気が楽になります。

八方美人タイプの人には、「自分の気持ちを主張することが、相手に嫌われる原因になる」と思いこんでいる人が多いようです。

ある意味それが正しい場合が多いのです。しかし、はっきり自分の思いを言わない人のほうが、周りの人たちから「何を考えているかわからない人」と煙たがられる場合も、時にはあるのです。

また、相手に不快感を与えずに自己主張する方法はたくさんあります。話し方を注意したり、明るい表情を心がけることです。「自己主張する」＝「嫌われる」という思い込みを捨てるほうがいいと思います。

「人に合わせる」よりも「自分らしく暮らす」ことを優先するほうが、楽に生きていけるのです。また、相手を尊重しながら、ある時は、自分の気持ちを素直に表現するほうが、おだやかな気持ちで人とつき合っていけると思います。

↓
自分の気持ちを素直に表現するほうが、おだやかになれる。

45 ズルいことをしてしまいたくなる誘惑にかられる、という時

「ズルいことをすれば、優位な立場に立つことができるかもしれない。大きな利益も得られるだろう。しかも今なら、ズルいことをしても、誰も気づかないだろう」

このような状況に立たされる時、人は悪い誘惑に強くかられます。

実際に、その誘惑に負けて、ズルいことをしてしまう人もいるでしょう。

しかし、優位な立場に立って、大きな利益を得て、幸せな気持ちでいられるのは、ほんの一瞬です。

すぐにズルいことをしてしまった良心の呵責《かしゃく》に苛《さいな》まれて、心が乱れ始めます。

他の人には、ズルいことをしたと気づかれなかったとしても、「いつ、どこで、自分がズルいことをしたことが発覚してしまうかわからない」という不安感から、平常心を保っていけなくなります。

また、たとえそれが法律に触《ふ》れるような犯罪行為ではなかったにしても、心は罪悪

感でかき乱されてしまうでしょう。

「ズルいことをして得するよりも、良いことをして損するほうがいい」という考え方があります。そう考えるほうが精神的には安らかに生きていけると思います。

目先の欲のために、「心安らかな生き方」を犠牲《ぎせい》にしてしまう人も多いようです。

その意味では、欲を少なくして生きていくほうが賢いのではないでしょうか。

権力や名誉、金銭はいずれ失われますが、「心安らかな生き方」は永遠です。

物質的にぜいたくな暮らしを選ぶのか、大きな権力を追い求める生き方を選ぶのか、それとも心安らかな人生を選ぶのかは、人それぞれの価値観なのかもしれません。

しかし、人にとってもっとも幸福感に満ちた生き方はどれかと言えば、心を安らかにおだやかに保っていく人生だと思います。

↓

後ろめたいことはしないと決めておく。

46 どちらを選べばいいか迷って決められない、という時

人生には二者択一を迫られることがよくあります。

「今の会社に残るべきか、それとも思い切って辞めて自分で独立すべきか」

「いい物件があるが、引っ越すべきか。それとも住み慣れた今の土地に住み続けるほうがいいのか」

「一度自分から離れていった昔の恋人が『また君とやり直したい』と言ってきている。応じるべきか、断るべきか」

このようなケースでは、誰もが迷います。迷いますが、決断力がある人たちは「自分はこちらを選択しよう」と、すぐにその方向へと歩き出すことができます。

しかし、なかなか決断できずに、いつまでもグズグズと迷い続けてしまう人もいます。このような決断力がないタイプの人たちは、往々にして「決断できない自分」に自己嫌悪を感じるようになります。

そして「こんな自分はダメ人間だ」と自分自身に対していら立ち、落ちこみ、心のバランスを失っていくケースが多いようです。

その結果、いっそう「冷静で正しい決断」を下すのが困難になっていきます。そこで、次のように考える方法があります。

「どちらを選べば失敗しないか」という基準で判断しようとすると、とくに心配性の人は、迷ってしまうことが多いようです。

むしろ、「どちらを選べば、ワクワクした楽しい人生を実現できるか」を基準にして判断すると迷わずに済むケースが多いのです。

また、「もしも選んだ選択が間違いだったとしても、どうにかなるだろう」と楽観的に物事を考えるようにすれば、気が楽になります。

一つ言えることは、「いつまでも迷っている」ほうが、「間違った決断をする」ことよりも、自分を不幸にしてしまうということではないでしょうか。

↓ 「迷って決められない」よりも「間違った決断をする」ほうがマシ。

47 妥協ばかりしている自分自身がイヤになる、という時

人は、どこまでも自分の希望を貫き通すことはできません。

手がけてみたい仕事があって企画書を書き上げたとしても、上司や取引先の意向があって当初自分が思い描いていた通りの仕事になるかどうかはわかりません。他の人たちの意見に妥協しなければならなくなるケースも多いでしょう。

最新型の高額パソコンを購入したいと思っても、必要になる予算に手持ちのお金が足りない時には、性能が少し劣るパソコンで妥協しなければなりません。

理想の異性がいても、その人がもう結婚して子供もいるということになれば、その人と恋人としてつき合うわけにはいきません。他の人で妥協しなければならないでしょう。

精神的に上手に妥協できるようになることは、心を弱らせずに生きていくコツにもなります。

ただし一方で、あまりに妥協に妥協を重ねていくと、「いったい自分は何をしたいと思っているのか。何のために生きているのか」という欲求不満が溜まって平常心を失うことにつながりかねません。

つまり、安らかな気持ちで生きていくために大切なのは「妥協すること」と「妥協しないこと」のバランスを保っていくことだと思います。

まずは、何をするにしても、「これだけは妥協しない」というこだわりを一つ持っておくことが大切です。たとえば形式的なことや方法論は妥協しても、コンセプトは貫き通すということです。

自分がもっとも大切にしているものまで妥協を迫られるような時は、いっそのことキッパリとあきらめて白紙に戻すことです。

このようなことを心がけることで、「妥協すること」と「妥協しないこと」のバランスを保っていくことができるのではないでしょうか。

↓

「これだけは妥協しない」というこだわりを持つ。

48 「求めているものが得られないのが苦しい」と感じる時

人生には「思うようにならないこと」がたくさんあります。

「もっと自分を愛してほしいのに、相手は望むように愛してはくれない」

「仕事で成功してもっと脚光を浴びたいが、望んでいるように仕事が上手くいかない」

「もっと気ままな暮らしをしたいのに、さまざまなことに束縛されて息が詰まる」

このような現実に直面する時、本人の心には当然、さまざまな乱れが生じます。

怒りから感情的になったり、落ちこんでしまったり、あるいは何もかもイヤになってヤケを起こしてしまいます。

しかし、思うようにならないことがたくさんあるのは「人生の現実」なのです。

人は、この「人生の現実」の中で、どうにかして平常心を保ちながら生きていくしかありません。

大切なのは、「高望みしない。欲をかきすぎない。不可能なことを望まない」ということです。そして、今自分の人生にあるものの中で、満足して生きていくように心がけることです。現在の生活の中にも、楽しもうとさえ思えば、楽しいことがたくさんあることを知ることです。

また、見返りを求めず、人に尽くすこと自体に喜びを感じるようにすることです。結果に期待するのではなく、努力を続けていくこと自体に喜びを感じるよう心がけることです。

仏教には、「望むことを得られないのが、人の苦しみの大きな原因の一つだ」という考え方があります。そこで仏教は、「高望みするのをやめ、今あるものに満足することが、心から苦しみを取り除く方法だ」と教えるのです。

現代社会は、とても豊かです。にもかかわらず、「もっと、もっと」と高望みをする人もいます。この「もっと、もっと」という考え方を捨てることが、心が楽になるカギです。

↓

「もっともっと」を捨て、今あるものに満足する。

49 自分の「人生の目的」を見失ってしまった時

大学受験や希望する会社への就職。

会社での昇進や、「将来自分で商売を始めたい」という夢。

結婚や、マイホームを持つという希望。

そのような「人生の目的」がある時には、それに向かって気持ちが張り詰めていますから、多少のことがあっても心がフラフラ揺れ動くことはありません。

問題なのは、そんな「人生の目的」を見失った時です。

一つには、途中であきらめてしまって、「人生の目的」を見失う、という場合があります。たとえば、「自分で商売を始める」ことを目指してがんばってきたが、途中で挫折してしまうというケースです。

たとえ途中であきらめることがあっても「挫折した」とは考えないほうがいいと思います。挫折したと考えると、そこで人生が停滞してしまうのです。

その場合新しい「人生の目的」のために、古くなった「人生の目的」を脱ぎ捨てた、と考えることもできます。

もう一つには、夢を実現してしまって、「人生の目的」を見失う、というケースです。たとえば、「結婚すること」だけを目指してがんばってきた人が、めでたく結婚できたのはいいのですが、その時点で「人生の目的」を見失ってしまった、というケースです。

いずれにしても「人生の目的」を見失うために、自分が何のために生きているのかわからなくなって気持ちが落ちこんだり、あきらめがちな自分への自己嫌悪の感情に振り回されてしまうことがあります。

人は「人生の目的」があってこそ、人生が充実します。また心が安定します。「人生の目的」を一つ達成したら、そこで終わりではありません。早いうちに新しい「人生の目的」を見つけましょう。

↓

「挫折した」と考えない。

6章

友人との関係編

50 仲間うちで自分の悪口が広まった時

仲間うちで、まったく気づかないうちに、自分の悪口が広まっていることがあります。ある日突然、友人から「あなた、恋人と上手くいっていないんだってね。あなたが我がままなことばかり言うから、恋人に見捨てられたって話じゃない。みんなそう言っていたわよ」と語りかけられた時です。

これが事実ならしょうがありません。

しかし、まったく事実とは反することである場合もあります。

誰かが評判を落とそうとして、意図的に悪い噂を広めているとしか思えないこともあります。

そんな事実無根の悪口を言いふらされた本人とすれば、心が動揺することでしょう。

そんな時は、次のようなことを考えるといいと思います。

＊悪口を言いふらしている人間は、自分に嫉妬《しっと》しているだけである。

＊「人の噂も七十五日」というが、そのうちに誰も自分の噂など忘れてしまうもの。

＊噂話に振り回されるよりも、自分の人生をしっかり歩んでいくほうが賢い。

このようなケースでは、噂を打ち消そうとムキになればなるほど、周りの人たちに「あんなに慌てているところを見ると、やっぱり本当だったんだ」という誤解を与えることになりがちです。

むしろ「事実ではない」のですから、「言いたい人には言わせておけばいい」と余裕のある態度でいるほうがいいと思います。

慌て騒げば、悪口を広めた張本人の思うツボにはまるだけです。

「人の噂も七十五日」ということわざもあります。

「時間が経てば、そんな噂があったことなど、周りの人たちは忘れてしまう」という意味です。

たとえ悪口が事実だったとしても、無理をして打ち消そうと思わないほうがいいでしょう。慌てず騒がず、「そんなことないけど」と軽く受け流すのがベターです。

↓

言いたい人には言わせておく。

51 悪気がない言葉を友だちに誤解されてしまった時

けっして意地悪で言った言葉ではないのですが、友だちからまったく別の意味に誤解されてしまうことがあります。

たとえば、一緒に食事をしていたふくよかな友だちがモリモリ食べている様子を見て、「食欲があっていいね」と言ったとしましょう。

もちろん意地悪な気持ちなどまったくなかったのです。ただ友人の食べている様子を見ていて、何気ないつもりで言った言葉です。しかし、その友だちは、「それって、私がデブだって言いたいわけ？」と怒り出してしまいました。

このような具合に、何気なく言った言葉を相手から誤解されることがあります。

誤解された側は大いに戸惑います。

「そんなつもりじゃない」と言い訳しても、相手がなかなか信用してくれないと、その戸惑いはいっそう大きなものになります。

相手の誤解を解くのは至難の業《わざ》です。誤解を解こうとがんばるよりも、居心地の悪くなったその場を早めにお開きにするほうがいいでしょう。

「悪気のない言葉」であれば、しばらく冷却期間を置けば、自然に誤解が解ける時がやってくると思います。焦らず慌てず、その時がやって来るのを待つほうがいいと思います。

人は劣等感を抱いていることに関して、他人の言葉を誤解しやすいものです。従って、相手が劣等感を抱いていることには触れないように注意しましょう。

「食欲がある」と言ったことを、「私がデブだって言いたいの」と誤解する人は、きっと「太っていること」に劣等感を持っているのでしょう。

それがわかったら、今後は「食事」「体重」「ダイエット」に関することを話す時は注意することです。

また誤解されて、自分自身が心を乱されないようにするためです。

↓

相手が劣等感を抱いていることには触れない。

52 不機嫌な友人に失礼な態度を取られた時

何があったのかわかりませんが、とても不機嫌そうな顔をしている友人がいたとしましょう。

自分としてはやさしい気持ちから、「何かあったの」と話しかけます。するとと友人は、「うるさい。話しかけないでよ。あっちへ行ってよ」と乱暴に言い返してきます。

こういう経験をすると、自分自身まで非常にイヤな思いにさせられるものです。不機嫌な友人のために、自分自身まで不機嫌な気持ちにさせられるのです。

不機嫌な友人から失礼な仕打ちを受けた時は、それ以上その友人にはかまわないほうがいいと思います。ますます不機嫌にさせられるだけだからです。

また、しばらくの間、その友人と話をしないようにしましょう。向こうから声をかけられた時には、また普段通り仲良くつき合えばいいのです。

不機嫌な時は誰にでもあるものです。また不機嫌な時には、つい身近な人にひどいことを言ってしまうこともあるのです。誰にでもよくあることなのだから、あまり気にしないことです。

そうした扱いを受けて、どうしても怒りを抑えられない時は、ゆっくりお風呂に入って、早めに寝る。ひと晩ぐっすり眠れば、たいていのことは忘れていると思います。不機嫌な友人からひどいことを言われても、「なによ、その失礼な態度は」と言い返さないほうがいいと思います。

口ゲンカとなって、ますますイヤな思いをさせられるだけでしょう。

その友人はムシャクシャした気持ちから失礼な態度を取っているのです。ある意味、あなたを挑発しているといえます。相手の挑発に乗ってしまうのは愚かです。「話しかけないで。あっちへ行って」などと言われた時は、その言葉通り、その友人とはしばらく距離を置くほうがいいでしょう。

↓ 誰にでもよくあることなのだから、そっとしておく。

53 仲のいい友だちとケンカしてしまった時

「ケンカするほど仲がいい」という言葉があります。

仲がいい友だちとは、遠慮なしに言いたいことを言い合います。

そのために、ちょっとしたひと言からケンカになってしまうことも多いのです。

あまり親しくない相手には、気を使いながらものを話しますから、かえってケンカになることは少ないのです。ですから、「ケンカになるのは、ある意味、仲がいい証だ」というのが冒頭の言葉の意味でしょう。

しかしながら、仲のいい相手とはいえ、口ゲンカになれば心が乱れます。

腹が立って、いつまでも怒りが治まりません。「もう顔も見たくない」「向こうから謝ってくるまで、絶対に許さない」という気持ちになります。

しかし、口ゲンカでせっかくの友だちを失ってしまうのも情けないという思いもしてくるでしょう。

そこで注意しておくべきことを述べておきます。

しばらく冷却期間を置くことです。熱くなった頭が冷めてくれれば、友だちの存在が自分にとっていかに大切かわかってきます。

頭が冷めるまで、無理をして「ごめんなさい」と言いに行かないほうがいいでしょう。会えばそこでまた口ゲンカになってしまう場合も多いのです。

ケンカしても仲直りできるのが、友だちです。必ず仲直りできる時期が来るので、焦らなくてもいいでしょう。

また、仲のいい友だちとの口ゲンカは、じつは仕事などのストレス解消になっている面もあります。

そう気づけば、いっそう友だちの存在が大切に思えてきます。

どんなにすごいケンカをしたとしても、相手が仲のいい友だちであれば、時が経てば気持ちが静まってきます。そこまで待ってから仲直りするのがいいと思います。

↓ 口ゲンカの妙薬は「時間の経過」である。

54 幸せそうな友だちが妬《ねた》ましく思えてきた時

身近にいる友だちが幸せそうにしている姿を見て、「私もあの人を励みにして、がんばろう」とポジティブに考えられる時もあります。しかし、「妬《ねた》ましい。どうして私だけが幸せを手にできないのか」と、ネガティブな感情にとらわれてしまう時もあります。もしネガティブな感情にとらわれた時、どう対処すればいいのか考えたいと思います。

まずは、妬ましく思う友だちと、同じ幸せを欲しいと思わないことです。ますます友だちが妬ましく思えてくるだけだからです。幸せの形は、人それぞれ違うと知るほうがいいでしょう。さらに、幸せそうな友だちを見て、「自分にしか実現できない幸せの形は、どんなものか」を考えるきっかけとするのです。

自分の今の生活を見直してみるのです。自分にとっての幸せは、自分のすぐ足元にあるかもしれません。今まで自分はそれに気づかなかっただけかもしれません。

楽観的に「今の私は、まあまあ幸せに暮らしている」と考える人には、新しい幸せがやってきます。「今の私は、ちっとも幸せじゃない」と思っていると、もっと不幸になっていくのです。

幸せな友だちが妬ましく思えてくるのは、きっと、今の自分の生活に何か満たされないものを感じているからだと思います。

しかし、幸せそうな友だちをいくら妬んでも、満たされない心が満たされることはありません。満たされない心を満たすには、結局は、自分自身で「自分の幸せの形」を探し出す努力をするしかありません。

何もしないでいるよりも、今からすぐに「自分の幸せの形」を探し出す努力を始めるのがいいと思います。

たとえすぐに「自分の幸せの形」が見つからなくても、それに向かって「努力している」という実感が充実感と幸福感をもたらしてくれます。

↓

何もしないでいるから、友だちが妬ましく思えてくる。

55 引っ込み思案の性格から、言いたいことを言えない時

「言いたいことを言えない」ということは、その人に大きな欲求不満をもたらします。

その結果、感情が乱れ、ヤケを起こして身近な人に八つ当たりをしたり、自己嫌悪におちいって落ちこんだまま立ち直れなくなったりします。

性格的に引っ込み思案の人、恥ずかしがり屋の人には、とくにそういう傾向が強いようです。

まずは、「図々しいことばかり言ってみんなから嫌われるよりも、引っ込み思案でいるほうがみんなから好感を持たれている」と気づくべきでしょう。

そうすれば心の乱れも静まり、ヤケを起こしたり自己嫌悪におちいったりすることもなくなるでしょう。

また、無理をして「私はこうしたい」と主張するよりも、「こうする方法もあると思いますが、どうですか？」「こうしても、いいんじゃない？」と、相手に問いかけ

る話し方をすると、意思表示がしやすくなります。

その上で、素直に自分の気持ちを伝える方法を学ぶのがいいでしょう。

趣味で劇団などに入って演技の勉強をすることで、引っ込み思案だった人が上手に自己主張できるようになるケースもあります。

アサーティブ・コミュニケーション（自分の気持ちを素直に伝えるためのコミュニケーション技術）の勉強会に参加してみる方法もあります。

引っ込み思案の人、恥ずかしがり屋の人は、自分の気持ちをはっきり表に出せない自分の性格のために、「私はみんなから相手にされていない」「周りの人たちから嫌われている」と考えがちです。

そのために自分に自信を失って、ますます引っ込み思案になっていきます。

その誤解をなくし、考えを変えることが大切です。

↓

「引っ込み思案だからこそ、好かれている」と気づく。

56 プライベートのことを語りたがらない友人に不満を感じる時

人は、信頼している友人には、普通は語らないプライベートのことをあれこれ話すものです。言い換えれば、プライベートのことを開示するのは、相手を信頼できる友人として認めている証でもあります。

ある男性には、信頼できる友人がいます。

彼はその友人に、自分の個人的な趣味や、あるいは家族のこと、また過去の失敗談など、プライベートのことを打ち明けました。

それはその友人を「信頼できる人間だ」と認めていたからです。

しかし、その友人のほうは自分のプライベートのことをまったく語ろうとしないそうです。

彼にはそれが不満で「こちらは彼を信頼できる友人だと思っているが、彼は僕を信頼できる友人だとは感じていないのだろうか」という疑問も浮かんできました。

そう思うと、彼には急にその友人のことが腹立たしく思えてきたと言います。自分の友情を裏切られたように思えてきて、これまで通りにつき合っていく自信がなくなったというのです。

しかし、もしかしたら何かの事情があって、プライベートのことを語らないのかもしれません。

また性格的に、あまりプライベートのことを語りたがらないのかもしれません。従って、「プライベートを語らない」＝「自分を信頼できる友人として認めていない」と決めつけないほうがいいと思います。自分自身の腹が立ってくるだけです。

自分が相手を信頼できる友人だと思うのであれば、相手の反応にかかわらず、そう信じてつき合っていくほうがいいでしょう。そのほうがおだやかな心でいられます。

友人同士の関係は、たとえ〝片思い〟であってもいいのではないでしょうか。自分に信頼する気持ちがあれば、相手もだんだんと心を開いてくれるでしょう。

↓

友人との関係は〝片思い〟であってもいい。

57

プレゼントに何の感想も言ってくれない友人に腹が立つ、という時

ある女性は、仲のいい友人の誕生日祝いに、手作りのバッグをプレゼントしたといいます。友人は「ありがとう」と言って、喜んで受け取ってくれました。

しかし、それっきりだといいます。

「さっそく使っているけど、ステキなバッグね」だとか、「とても使い心地がいいわ」とかいった感想をひと言も言ってくれないのです。

また、その後その友人に何度か会いましたが、友人は彼女がプレゼントした手作りのバッグを持ってくることはありませんでした。

友人は普通の市販のバッグを持ってきていたのです。

彼女とすれば「感想を何も言わない」＝「ありがたく思っていない」、「使っていない」＝「気に入っていない」ではないかという思いなのです。

なんだか悲しいような、腹立たしいような複雑な感情となって、これまで通りの気

持ちでその友人と仲良くつき合っていく自信がない、というのです。

この彼女のように、プレゼントをあげた相手からそれに関して何の感想も言ってもらえないと、「本当に気に入ってもらえただろうか」と心配になってしまうことはよくあることです。

では、このようなケースでは、どのように考えればいいのでしょうか。

大切なのは、友人が「プレゼントをもらってくれたこと」だけに感謝することです。友人がプレゼントを気に入ってくれなかったとしても、不満に思わないことです。

そもそも、彼女は何のためにプレゼントをあげたのでしょうか？

彼女のためでなく、相手のためにあげたのであれば、プレゼントをあげた相手の反応で腹を立てたりするのは、おかしなことになります。

相手が、プレゼントを受け取ってくれ、「ありがとう」と言ってくれたことに満足することが大切です。

↓

「プレゼントをもらってくれただけで、ありがたい」と思う。

58 友だちの集まりに自分だけが誘ってもらえなかった時

友人同士が集まる食事会や旅行に、「私だけが誘ってもらえなかった。仲間はずれにされた」ということがあります。

もちろん心おだやかではいられません。

「みんなから嫌われてしまったんだろうか」

「誰かの意地悪で、私だけ誘ってもらえなかったのだろうか」

「みんなにとって私など、いてもいなくてもどうでもいい存在なんだろうか」

と、さまざまな思いに心をかき乱されます。

悲しみやら、怒りやら、悔しさなど、色々な感情が渦巻《うずま》くのです。

まずは、自分を仲間はずれにしたグループだけが、自分が属しているグループではないことを再確認するのがいいと思います。

自分を仲間はずれにするグループもあれば、自分を大切にしてくれるグループもあるはずです。

「類は友を呼ぶ」といいますが、自分を仲間はずれにした友だちグループは結局、自分とは価値観が合わない人たちの集まりだと考えるのです。

ふつう、人は、一つのグループだけに属しているわけではありません。

たとえば、大学で同じサークルに属していたAというグループ、社会人になってから読書会で知り合ったBというグループ、また特定のお店にいつも集まるCというグループなど、複数のグループに同時に属しているのがふつうだと思います。

ですから、あるグループから仲間はずれにされるようなことがあっても、他のグループとの関係を大事にしていけばいいだけです。

自分にとって居心地のいい場所が一つでもあれば、それでいいと割り切って考えればいいのではないでしょうか。

↓
気が合わないグループとは、つき合わなくてもいい。

59 仲のいい友だちに頼み事を断られた時

身近な親しい友だちに頼み事をする場合があります。

もちろん「親友なんだから、きっと私の頼み事を聞き入れて、力になってくれるだろう」と信じてです。

しかし、その親友から、「申し訳ないけど、私は力になれない」と断られてしまったとします。

こういう場合、何か親友に裏切られたような気持ちになってしまいます。その悲しみ、悔しさ、絶望感でどうしようもない気持ちになってしまうのです。

そんな時は、次のように考える方法があります。

親友とは、ある意味、頼み事をしやすい相手です。

ですから、時に、親友に甘えるような頼み事をしてしまいがちです。

しかし、たとえ親友であろうとも、すべての頼み事を受け入れてくれるわけではないのです。

「お金を貸してほしい」だとか、「住むところがないから、しばらく部屋を貸してほしい」などという頼み事は、友人ではなく、家族や親戚に頼むのが筋です。断られても仕方のないことだと考えるべきです。

それに気づかずに「親友なんだから力になってくれるはず」と考えるのは、自分自身の甘えにすぎないと知るべきでしょう。

友人に頼る前に、まずは自分自身でできることをやってみることです。

「親友だからこそ、甘えた頼み事をして相手を困らせたくない」というように考えている人は、このようなことで心を乱すこともないと思います。

↓

親友だからという理由で、相手に甘えない。

7章

家族との関係編

60 親に進路の希望を反対された、という時

自分の人生の進路について、親と自分の考えとが食い違うことがあります。

「私は文学部に進学したいと思っているが、医者である父親は私も医者になることを望んでいる。だから医学部へ進むように強く言われている」

「自分はお笑い芸人になりたいと思っている。だから大学へは進学しないで、高校卒業後すぐにその世界へ飛びこみたいと考えている。しかし、親は大反対だ。大学を出て、ふつうのサラリーマンになってほしいと言ってくる」

このように親から自分の進路について反対の立場を取られると、子供としては反抗心が強まります。

精神的にも不安定になって、親に対して大声を上げてしまったり、時には家出するという方法を取ったりする場合もあります。

しかし、できればおだやかに親と話し合って、親にも納得してもらう形で自分の希

望する進路へ進んでいくほうが、子供としても幸福なのではないでしょうか。

こういったケースで、おだやかな心で親を説得する方法について考えてみたいと思います。

親を「親」ではなく、交渉相手だと考えるのです。交渉を成功させるための戦略、話し方などの作戦を自分なりに練ってみるのです。

親を親だと考えるから、腹が立ったり、気持ちがいら立ってくるのではないでしょうか。親を「交渉相手」だと見なせば、冷静に「どうやって説得すればいいのか」ということに意識が向いてくると思います。

学生のうちに、親を相手にして「意見が合わない相手を説得する」という方法を学んでおくことは、今後社会人になってからも必ず役立つでしょう。

「家出をする」よりも「親を説得する」ほうが、自分の人間的な成長につながると考えれば、多少気持ちは落ち着いてくるはずです。

↓ 意見の異なる親を「手ごわい交渉相手」と考える。

61 親から私生活についてあれこれ聞かれてうるさい、という時

ある女性は就職をきっかけに親もとから離れて、一人暮らしを始めました。職場が自宅からは通えない遠方にあったのです。一人暮らしは以前からの憧れでもあったので、彼女とすればそれは喜ばしいことでした。

しかし、最近、「一人暮らしを心配して毎日電話してくる親がうるさくてしょうがない」と悩んでいます。

たんに電話してくるだけならまだいいのですが、彼女の私生活について詮索《せんさく》するようなことを根掘り葉掘り事細かに聞いてくるといいます。

「仕事はどうだ」「上司にイジメられていないか」「友だちはできたか」「おかしな男につきまとわれていないか」といったことです。

あんまりうるさく、あれこれ尋ねられるので、彼女は「気が滅入ってくる。私も小さな子供ではないのだから、放っておいてほしい。『今日もまた親から電話がくるだ

ろう』と思うと、家に帰るのが憂うつになってくる。最近は会社でも仕事に集中できないほど、心が乱れてしまっている」というのです。

「詮索されている」と思うから、気が滅入ってくるのです。発想を変え、自分のほうから電話をかけて、仕事や上司のグチを一方的にしゃべりまくる、というのも一つの方法です。親は子供の様子を知って安心でき、彼女もグチを聞いてもらって気分がスッキリするから一挙両得になるでしょう。

「電話でのやり取りはやめて、手紙やメールで近況報告をし合う」ことを提案してもいいと思います。直接話をするよりもおだやかな心でいられます。

親というものは、子供が何歳になろうとも、いつまでも心配なものなのでしょう。一方で成長した子供には、「もう小さな子供じゃないんだから、大人として扱ってほしい」という思いがあります。この両者の思いを叶える方法の一つとして「親にグチを聞いてもらう」という方法もあるように思います。

↓

親にグチの聞き役になってもらう。

62 恋人との関係について親にチョッカイを出される、という時

ある女性には恋人として交際している男性がいます。彼はとても人柄がよくて、やさしくしてくれますから、彼女としてはとても幸せです。二人の関係はとても上手くいっています。ただし、そんな彼女には悩みごとが一つあるのです。

父親が、彼女と彼との関係にチョッカイを出すことです。

具体的な行動をして二人の恋愛のジャマをするというわけではないのですが、デートから帰宅すると「今日はどこへ行った？」「彼はどんな話をした？」「彼に送ってきてもらったのか」などと、根掘り葉掘り聞き出そうとするそうです。

どうも父親は、彼女に恋人がいることを良くは思っていない様子なのです。

そのせいか、「もし彼から意地悪なことをされたら、早く別れたほうがいい」「将来性がない男だったら、交際を考え直したほうがいい」「もし彼が浮気などしているよ

うだったら、オレが直接会って別れさせてあげるから」などと、ネガティブなことばかり彼女に言ってくるといいます。

彼女とすればうるさくてしょうがありませんし、「祝福してくれるならまだしも、なぜ父親はそんな言い方ばかりするのだろう」と気持ちもいら立ってくるのです。

父親というものは娘の恋人に必ず嫉妬してしまうものです。しかし、心では実の娘の幸せを願っているでしょう。ですから、あまり気にしないほうがいいと思います。

父親が嫉妬するのは、それだけ娘を大事に思っている証でもあるのです。それだけ自分のことを思ってくれる父親なら、最終的には必ず自分の味方になってくれると信じれば、気も楽になります。

彼を家に連れてきて、父親に会わせる、という方法もあります。父親が干渉するのは、子供のことが心配だからです。彼と実際に会うことで、父親の不安も解消されるでしょう。

↓ **彼の人柄を知ってもらう。**

63 親から結婚を反対されている、という時

結婚を親から強く反対される、ということがあります。

ある女性は、結婚を父親から強く反対されているといいます。

彼女としては、つき合っている彼とどうしても結婚したいのです。しかし、いくら説得しても、頑固《がんこ》な性格の父親は許してくれないそうです。

彼女は、怒りや、いら立ちや、悲しみが入り混じった精神状態で、毎日泣いているといいます。

こういうケースでは、どういう方法で心の安定を取り戻せばいいのでしょうか。

一生懸命説得しても、どうしても許してくれない場合は、「親の反対を押し切って、結婚してしまうしかない」と、覚悟を決めるのです。

人は、「覚悟を決める」と、不思議に気持ちが落ち着いてくるものです。

結婚には反対していた父親であっても、娘が結婚後幸せな生活を送っていると、後

からその結婚を祝福してくれるケースも多いようです。その場の勢いで「縁を切って家を出てくる」ということまでする必要はありません。

あくまでも、おだやかに「許しがなくても私は結婚する」と宣言して、家を出ればいいのです。

昔よくいたような「頑固な父親」といったタイプの男性は現在かなり少なくなっているようですが、それでも娘の結婚を許そうとしない父親もいるようです。

しかし、それもある意味、娘の幸せを願ってのことなのでしょう。

結婚という選択は、自分の人生です。父親に素直に祝福してほしいという気持ちもわかりますが、最後には自分が決めることです。人生の選択は自分で責任を取ると覚悟を決める、それは今後の人生でも大切なことです。

↓

覚悟を決めれば、気持ちは落ち着く。

64 夫の母親から言われるイヤミに耐えられない、という時

ある女性は、結婚した夫のお母さんと心おだやかに接することができないそうです。その理由は、姑《しゅうとめ》の「口の悪さ」にあります。

「その洋服、新しく買ったの？　ぜんぜん似合わないわよ」

「あなたの箸《はし》の使い方、ちょっと下品ね」

「あなたって意外と、いいかげんな性格なのね」

「そんなことも知らないの。いったい学校で何を勉強してきたの」

そんなイヤミなことを平気な顔をして言ってくるといいます。

ですから彼女は、姑と一緒にいると、「今度はどんなイヤミを言われるのか」と気が気ではありません。

神経がイライラしてきて、姑からイヤミを言われる前に、自分から感情的に怒鳴りつけてしまいたい気持ちになってしまうといいます。

「姑と仲良くつき合っていかなければならない」という気持ちが強すぎると、かえって気持ちが辛くなっていきます。姑と嫁はしょせん他人同士だと割り切ってしまったほうが、むしろ気が楽になります。

どうしても耐えられそうもない時には、爆発する前に「そういうものの言い方はやめてほしい」と、おだやかにお願いするほうがいいと思います。

夫から、自分の気持ちを姑に伝えてもらう方法もあります。

妻であれば、夫の母親と仲良くやっていきたいと思うものでしょう。しかし、無理をしてまで仲良くすることはないと思います。ですから、もし姑から耐えられないようなことを言われた時は、たとえば「無視して返事をしない」ということをしてもいいのではないでしょうか。我慢するいい子を演じても、ストレスを溜めるだけです。

そんな様子を見て、「嫁は本気で嫌がっている」と姑も気づいてくれれば、もうイヤミなことは言わなくなるかもしれません。

↓ 姑と無理をして仲良くすることはない。

65 お金にだらしない親兄弟に泣かされる時

「お金の心配」は、心を弱らせる大きな原因の一つです。

ある男性は、「実の兄からしばしば借金の申し出をされて困っている。兄の頼み事だからむげに断るわけにはいかないが、図々しい兄の態度に腹が立ってしょうがない。また、兄のために自分の生活がメチャクチャにされてしまうのではないかと不安でしょうがない」というのです。

自分自身のお金の心配であれば、自分が一生懸命働いてお金を稼げばいいのですから、「やるべきこと」はしっかり見えています。

しかしながら、「兄のお金の心配までしなければならない」ということになると、これは自分の力だけではどうしようもありません。

「兄のために自分の生活が犠牲になるのではないか」という心配で、心が乱されてしまうかもしれません。

お金の援助が本当に、相手のためになっているとは限りません。相手は援助に甘えて、まじめに働く意欲を失ってしまうかもしれないのです。

つまり、「あえてお金を貸さない」ということは、むしろ相手のためになることもあるのです。

相手は自分でお金を稼がざるを得なくなるからです。

実の兄弟姉妹から借金の申し出を受けることは、実際によくあると思います。お金に困った時には、やはり頼れるのが血を分けた兄弟姉妹なのかもしれません。

それが「今回だけのこと」、「少額」であれば問題はありません。しかし、「しばしばのこと」、「多額」になると、貸したほうも精神的に動揺させられることになります。自分が経済的にゆとりのない場合には、思いきって断るほうがお互いにいいと思います。

↓

お金のことで甘えてくる親兄弟は、突き放すのがお互いのため。

66 素直でいい子だった息子が急に反抗的になった、という時

ある母親は、「それまで素直でいい子だった息子が、急に反抗的になった」と言って悩んでいます。

話しかけても無視されます。それでもしつこく話しかけていると、息子は怒り出してしまうというのです。

息子は十二歳です。ちょうど反抗期なのかもしれませんが、彼女は「このまま息子が非行の道に走るのではないか」と心配でしょうがないといいます。

息子のことを考えると気持ちが落ち着かず、気が滅入ってくるほどだといいます。

反抗期は自立心の表れです。

ですから、子供の自立を促《うなが》すためにも、あまり干渉しないほうがいいと思います。

「子離れできない親」が、子供の自立をジャマすることもあります。

子供の健《すこ》やかな成長のためにも、親は「子供のため」ばかりを考えるのではなく、

「自分のため」に使う時間を増やすほうがいいと思います。

親が自分の人生をしっかり歩んでいれば、子供が非行に走ることは少ないと思います。

最近、「子離れできない親」が増えてきていると聞きます。

このようなタイプの親は、子供のために心のバランスを崩してしまうことが多いようです。

子供にベッタリとくっついているため、何かと子供のために振り回されてしまうのです。

しかし、そのように親が精神的に不安定な状態にあるのは、子供の健全な成長のために良くないのではないでしょうか。

親としても子供から自立して、自分の人生をしっかり歩んでいくほうが、自分の心を立て直すためにも、また子供の自立のためにもいいと思います。

↓

子供のためだけに生きる親にならない。

67 子供に「父親としての自尊心」を傷つけられた時

親であれば誰でも、「自分は子供から尊敬されたい」という思いを心のどこかに持っているのではないでしょうか。

とくに父親は、そのような思いが強いのではないかと思います。

しかし、そんな願いとは裏腹に、子供が必ずしも父親を尊敬しているとは限りません。時には、子供から軽蔑《けいべつ》されてしまう父親もいるようです。

父親とすれば、子供から軽蔑されているようなことを言われるのはショックです。そのために父親としての自尊心を傷つけられ、心をすっかり弱らせてしまうこともあります。

ある父親は、息子から「僕はお父さんのような人間にはなりたくない」と、はっきりと言われてしまったそうです。

その言葉が心の傷として残り、会社の仕事にも平常心で臨《のぞ》めないような状態になっているといいます。

子供は親への反抗心から、心にもないことを言ってしまうこともあります。親を尊敬する気持ちを持ちながら、軽蔑するようなことを言ってしまうケースも多いのです。ですから、あまり気にしないほうがいいと思います。

「お父さんのような人間にはなりたくない」というのが、裏を返せば「自分らしい生き方がしたい」という意味です。子供がそのような自立心を持つことは悪いことではありません。そう思えば、親の心も安らぐのではないでしょうか。

年頃の子供というものは、親の前ではつい強がって心にもないことを言ってしまうものです。ですから基本的に、子供の言葉を真に受けてあまり心配しないほうがいいのではないでしょうか。

子供が成長し、その子供がまた親になれば、自分の親のありがたみがわかってくるはずです。そう思えば、気持ちも落ち着くでしょう。

↓

年頃の子供の心にもない言葉を真に受けて悩まない。

8章

男女の関係編

68 恋人のことを信用できなくなってきた時

「この人は誠実な人だ」「嘘《うそ》を言わない誠実な人だ」と、信じてつき合い始めた恋人に、「ちょっとおかしい」と不信感を抱くようになった時どうすればいいのか、という問題について考えてみたいと思います。

その人は当然、心中はおだやかではいられなくなります。

もちろん不信感を抱くようになったのには、きっかけがあったのです。

「恋人が自分以外の異性と仲良くしているところを偶然見かけた」

「恋人の携帯電話に、知らない異性からの着信履歴が毎日のように残っているのを見つけた」

「急に恋人の態度が冷たくなった。自分と一緒にいても楽しそうではない。会う機会も以前に比べて少なくなった」といったことです。

恋人に問いただしてみると、「浮気なんてしてない。好きなのは今でも、君一人だ」

という答えが返ってくるのですが、どうも信用できないのです。不信感を抱きながら恋人とつき合っていくのは疲れます。どうしても不信感が晴れない時には、疑っていることに関して質問するのも選択肢の一つです。

自分のほうから少し距離をとって冷たい態度を見せる方法もあります。そこで相手が追ってくれば愛情がある証です。追ってこない時は愛情をなくしている証です。

いずれにせよ、大切なのは、自分ならではの判断基準をしっかり持っておくことだと思います。相手の態度や気持ちについてあれこれ想像するよりも、自分の気持ちはどうなのかを大事にすることです。

相手のことが好きだから、何があっても信じる。

相手への愛情より、不安のほうが大きくなったら、別れることも考える。

このような、自分なりの基準をきちんと確立しておくのです。

そうすれば精神的に相手に振り回されることも少なくて済むでしょう。

↓

相手基準ではなく、自分基準を持つ。

69 恋人から「他に好きな人ができた」と、はっきり言われた時

つき合っている恋人から、「君の他に好きな人ができた」と告白されることは、辛いできごとに違いありません。

はっきりとそう言わなくても、この言葉の裏には「だから別れてほしい」という意味がこめられているのは明らかです。

恋人の裏切り行為に腹も立つでしょうし、悲しい気持ちで胸が張り裂けるような思いにもなることでしょう。

しかし、一度そのようなことを言い始めた恋人と関係を修復し、またやり直すのはほとんど不可能ではないでしょうか。

自分から離れていった恋人への未練は、自分自身を不幸にするだけです。

こういうケースでは、まず、泣くのをがまんしないほうがいいでしょう。泣きたい時には思いっきり泣くほうがいいのです。

スポーツや仕事などに我を忘れて没頭するのも効果的です。

そして、「恋の傷は、新しい恋をすることでしか癒せない。新しい恋をする」と決心することです。

ここで大切なのは、「恋人が自分以外の誰かを好きになったのは、自分に魅力がなかったからではないか」と考えないことだと思います。

もちろん、自分に何か悪いことがあった場合は十分に反省することが大切です。

しかし、そのような自己嫌悪の感情にとらわれすぎると、いつまでも心の傷が癒えることがありません。

第一、つき合っている恋人がいながら、他の人にも好意を抱くような相手は、それだけ誠意のない証です。

そんな相手とは別れたほうが賢明だった、と考えたほうがいいかもしれません。

↓ 彼の浮気は、自分に魅力がないせいではない。

70 つき合い始めた恋人が「こんな人だとは思わなかった」と思えてきた時

つき合い始めてから、それまで気づかなかった恋人の性格や生活習慣に気づいて愕《がく》然《ぜん》とさせられる、ということがあります。

「教養のある人かと思っていたが、つき合い始めてから、ぜんぜん教養のない人だとわかった」

「広い心の持ち主だと思っていたが、意外と細かいことにうるさい人だとわかった」

「いつもオゴってもらっていたから、しっかりした収入がある人かと思っていたが、後になって借金だらけであることがわかった」

こんなケースでは、「この人と、これから上手くやっていけるだろうか」と不安な気持ちにもなってくるでしょう。

相手の性格や生活習慣をがまんしながらつき合っていっても、欲求不満が溜まってますます不安が大きくなっていくだけです。

自分の努力で相手の性格や生活習慣を変えられるようだったら、つき合い続けてもいいと考えるほうがいいでしょう。

その場合、相手に直してほしいところに対して文句を言うのではなく、率直に訴えていくことです。よく話し合って「アイムOK・ユーアーOK」という地点を探し出す努力をすることです。話し合うことで、お互いの気持ちがより深く結びついていきます。

たとえば「教養がない」といった場合は、一緒に同じ本を読む提案をするなどして、自分の努力で相手の教養を高めていくこともできるでしょう。

また「細かいことにうるさい」ということは、よく話し合うことで相手と自分の基準がわかり、お互いに歩み寄ることができるかもしれません。

しかし、「借金だらけだった」のようなケースでは、相手の性格を変えることができたとしても、自分の平穏な生活まで壊される危険がありますから、別れる決断をするほうが自分のためかもしれません。

↓ **努力で変えられることなら、一緒にがんばる。**

71 恋人が急に「結婚を待ってほしい」と言い出した時

ある女性には、結婚を約束した恋人がいます。お互い親への挨拶も済ませています。しかし、結婚式の直前になって、彼が「結婚式を少し待ってほしい」と言っているというのです。

彼女はその理由を問いただしましたが、彼は明瞭《めいりょう》なことを言いません。ただ「待ってほしい」を繰り返すばかりだといいます。

彼女の心境は複雑です。何か絶望的な気持ちになって、自分でも感情をコントロールできない状態だといいます。

楽しみにしているイベントが突然延期になると、人はつい絶望的な気持ちになってしまうものです。

たとえば楽しみにしていた家族旅行が、父親の仕事の都合で「来月に延期」ということになった時は、子供たちは絶望的な気持ちから「お父さんなんて信じられない。

大っ嫌いだ」とヤケを起こしてしまいがちです。

それが「結婚式」という人生最大のイベントになれば、なおさらそういった心理的傾向は強まるでしょう。

しかし、あくまでも「延期」なのです。「中止」ではありません。相手を信じる愛情の力があれば、下手に心を乱すこともないと思います。

今大事なことは、「どんなことがあっても、あなたを信じている」という気持ちを、強く相手に伝えておくことです。

相手を非難したり、文句を言っても仕方ありません。「待ってほしい」というのは「嫌いになった」という意味ではないということです。絶望するのはまだ早いのです。「信じている」という気持ちを伝えるほうが、自分自身の気持ちは落ち着きます。

結婚は人生の一大イベントなので相手も不安に思っているのです。自分に強い信念と愛があれば、相手も決心がつくのではないでしょうか。

↓

あくまでも相手の誠意を信じることで、道が開ける。

72 いつまでも恋人ができない自分自身が悲しく思えてきた時

「週末の仕事が終わってから、職場の同僚たちはみんなこれから恋人とデートの約束があるというのに、自分一人だけは恋人もいなくて一人寂しい時間をすごさなければならない」という状況にある人は、きっと、悲しい思いに心を揺さぶられているに違いありません。

同僚たちが羨《うらや》ましく思えてくる一方で、自分自身がミジメに思えてきます。自己嫌悪の感情も生じてきます。

しかし、恋人のいない自分をミジメに思うことはありません。「私はミジメだ」と思っていると、表情がどんどん暗く沈んできます。そうなれば、自分を好きになってくれる人と出会うチャンスも減っていきます。

恋人がいないということは、言い換えれば、自分が自由に使える時間がたくさんあるということです。自由な時間を、自分の人間性を高めたり、趣味を楽しむ時間に充てるようにするのがいいと思います。健全な向上心がある人には、きっと近いうちにいい恋人が見つかるでしょう。

人生を楽しもうとする人にはたくさんの出会いがあります。明るく前向きに充実した生活を送っていれば、そのオーラに誘われて向こうから恋人がやって来るのです。

大切なのは「恋人がいない」ということをネガティブに考えないことです。

もちろん「寂しい」「恋人がいる人が羨ましい」といった感情に動かされるのはわかります。

しかし、そのような感情を振り払って、自分自身の生活を充実させることに意識を集中させるのがいいと思います。充実した生活を送っている人は、表情がキラキラ輝き始めます。生命力に満ちたオーラを発揮し始めます。

そのような人を異性が放っておくわけがないと思います。そのうち自然に恋人ができるでしょう。そう信じることが、心を立て直してくれると思います。

↓

人生を楽しもうとする人にはたくさんの出会いがある。

73 恋人との関係に友だちからチョッカイを出された時

自分と恋人との関係に、女友だちがよけいなチョッカイを出してくることがあります。

おそらく嫉妬心《しっとしん》からすることなのでしょう。

自分には知らないところで彼に会っていたりします。場合によっては、自分の見ている前で、彼にこれ見よがしに話しかけてイチャイチャしたりします。

自分に隠し事をしていたのを知ったり、見ている前でそんな様子を見せつけられたら気が気ではいられなくなります。

「彼を女友だちに奪い取られてしまうのではないか」と心配になり、「どうしてこんな意地悪をするのか」と彼女への怒りを抑えられなくなります。

幸せそうにしている人を見ると、その幸せを横取りしようとする人がいるものです。

大切なのは、「自分の恋人はそんな悪い心を持った人の誘惑に負ける人間ではない」

と信じることです。

恋人の自分への愛情を信じて、女友だちのチョッカイに心を惑わされないことです。慌てたり、心配したりする様子を見せるのは、かえって相手の思うツボです。他人の心を惑わせて楽しむのが相手の目的だと知っておくのがいいでしょう。

二人の愛情の絆《きずな》が強いとわかれば、それ以上その女友だちが自分たちの関係にチョッカイを出してくることはないでしょう。

一方で、そのような女友だちとの関係を今後続けていくかは真剣に考えたほうがいいと思います。

またいつ自分の幸せに横やりを入れてくるかわからないからです。

そんな友だちには、関係を壊してしまうことを恐れず、はっきりと文句を言う、というのも選択肢の一つだと思います。

↓

「惑わされるのは相手の思うツボ」と知る。

74 恋人や結婚相手との関係がマンネリになってきた時

仕事にマンネリがあるように、男女の愛情にもマンネリがあります。

最初のうちはデートをするのが楽しみだったけど、時間がたつにつれてそんな新鮮な気持ちがだんだん薄れてきます。

夫婦関係にしても同じです。

当初はアツアツの新婚生活だった夫婦ほど、だんだん時間がたつにつれて、結婚相手など「いてもいなくても、どうでもいい」といった存在に思えてきます。

そんなマンネリ感が、心を惑わす原因を作り出します。

「世間には今の恋人や結婚相手よりも、もっといい人が一杯いる。ちょっとぐらい浮気してもいいのではないか」という思いです。

ただし、今の恋人や結婚相手と別れる覚悟はないのです。

ただちょっと別の人とデートをしたい、という気持ちになってしまうのです。

しかし、「ちょっとした遊び」でしたことが、大きな問題になる場合もあります。一時の気の迷いで、せっかくの恋人や結婚相手を失うのは愚かなことです。

浮気心が芽生えるのは、じつは自分の人生がマンネリになっている証です。恋人や結婚相手との生活がマンネリになっているのではなく、自分自身の人生がマンネリになっているから、惑わされてしまうのです。

仕事や家事、あるいは趣味や勉強といったものに新たな意欲を燃やすこともできなくなって、「なんだか人生がつまらない」といった心境になっているのです。

そんな「人生のマンネリ」を改めるほうが先だと思います。

人生に新鮮な空気を送りこむことができれば、恋人や結婚相手との関係も新鮮さを保つことができます。また、何か熱中できるものが見つかれば、そんな自分のサポート役でもある恋人や結婚相手の大切さにも気づけるようになるでしょう。

↓

浮気心が騒ぐのは、自分の人生がマンネリになっている証。

75 不釣り合いな関係が苦しくなってきた時

恋人や結婚相手との不釣り合いな関係が原因で、心に苦しみや悩みが生じてしまうことがあります。

たとえば、「彼女が有能で、彼よりも収入がずっと多い」といったケースです。

こういうケースでは、男性はプライドを傷つけられることになりがちです。

たとえ収入の多い彼女からバカにされるようなことを言われなくても、心の中で自分のことを見下されているような気がしてきてしょうがないこともあるでしょう。

そのために、ちょっとしたことで彼女に感情的なことを言ったりしてしまいます。

上手くいっている関係を、自分のほうから壊してしまうことをしがちなのです。

一方が高学歴なのにもかかわらず、もう一方が低学歴といったケースでも、同じようなことが起こります。

学歴が低いほうの人が高いほうの人に劣等感を強くおぼえて、みずから関係を壊すような言動を取ってしまうこともあるでしょう。

大切なのは、「自分は、つまらないプライドのために、精神的に動揺している」と気づくことです。年収、学歴が低くても、何か相手を上回るものを自分は持っているはずです。それに気づき、上回っているものが見つかったら、それに自信を持つことです。

男女関係は恋人同士であれ夫婦関係であれ、バランスが大切だと思います。上手にバランスを取るために大切なのは「収入」だとか「学歴」といった一つの観念でお互いを比較しないことです。一つの観念にこだわって比較するから、不釣り合いな関係に思えてきてしまうと思います。

男女関係はお互いに足りないものを補っていく時、もっとも上手くいきます。もっと広い視野でお互いに補い合う関係を作っていけば、バランスのいい関係を築いていけると思います。

↓

つまらないプライドを捨て、補い合う関係を目指す。

76 両親の離婚がいまだに心の傷として残っている、という時

子供の頃に両親が離婚した女性がいます。

その際、強い精神的ショックを受けたといいます。その時の経験は心の傷として、その後もずっと彼女の心に残りました。

現在、彼女は二十代になりましたが、その心の傷は消えてはいません。

彼女には今、恋人がいます。結婚を申しこまれているのですが、両親が離婚した時に受けた心の傷が思い出され、「結婚しても上手くいかないのではないか。両親のように離婚するのではないか」という不安から、彼に返事をできないでいるそうです。

彼女としては彼のことを好きですし、結婚したいと願っているのですが、どうしても不安感を払いきれない、というのです。

このようなケースでは、次のような方法があります。

過去のできごと、その時受けた心の傷のこと、また今感じている不安を、すべて恋

人に打ち明けてみるのです。心の傷や不安感を自分一人で抱えこんだままでいると、ますます自分が苦しくなっていくばかりです。

信頼できる第三者に話を聞いてもらってもいいでしょう。心の中にあるものをすべて外へ吐き出すことによって楽になり、気持ちが落ち着いてきます。

日本の夫婦の離婚率が高まってきたのにつれて、彼女のように「子供の頃に両親が離婚した」という経験を持つ人も増えてきているようです。

そんな経験を持つ人の中には、「自分の両親はなぜ離婚したのか客観的に考え、両親を反面教師として、自分は同じ失敗をしないように冷静に対応策を考えた。あくまでも客観的、冷静に考えたことで、自分の結婚に不安を持つことはなかった」と話す人もいます。

この言葉も参考にできるのではないでしょうか。いくら血がつながっていても、親はあくまでも親です。親と違う考えを持てばいいのです。

↓

子供の頃に受けた心の傷を誰かに打ち明ける。

77 恋人から「別れてほしい」と言われた時

「この人とずっとつき合っていきたい」「できれば、この人と結婚して一緒に家庭を築いていきたい」と思う恋人から、「別れてほしい」と告げられることは、当人にとっては大きなショックだと思います。

心が乱れ、これからどうしていいかわからなくなってしまう精神状態になるでしょう。生きる意欲を失って、心も体も弱りきり、食事もとれない、といった状態になってしまう人もいるかもしれません。

しかし、恋人から告げられた「別れの宣告」を次のように考えることはできないでしょうか。また次のようなことをして、心にふたたび元気を取り戻すことはできないでしょうか。

*「もっといい恋人を見つけるためのステップアップだ」と考える。
*思いっきり泣いて、涙と一緒に心から未練を流し落とす。

＊仲のいい友だちとオシャベリして、心と体に新たなエネルギーを注入する。
＊恋人との別れを、新しいことを始めるきっかけにする。

人は、出会いによって、「自分の新しい人生が始まる。もっと幸福になれる」と考えます。

特に「恋人との出会い」は、その人に、これまで知らなかった人生や幸福感をもたらしてくれます。

しかし、新しい人生や新しい幸福は「出会い」によってだけもたらされるのではありません。

ある人との「別れ」をきっかけにして、新しい人生や新しい幸福に気づくことも多いのです。

そう信じて恋人との別れを乗り越えて、前向きに生きていくのがいいでしょう。

↓

「別れ」をきっかけに新しい生き方を探す。

78 今の恋人とどうしても別れたくなった時

恋人関係では、相手のほうから「別れてほしい」と言われることがあります。

その一方で、自分のほうから「どうしてもあの人とはやっていけない。別れたい」という気持ちになってしまうこともあります。

相手から「別れてほしい」と言われた時はもちろん精神的に大きなショックを受けますが、自分から相手に「別れたい」と言う時も同様に心が弱ります。

「相手を裏切るようで申し訳ない」「良心の呵責《かしやく》を感じる」「自分は責任感のない人間なんだろうか」といった自己嫌悪の感情でどうしようもない気持ちになる人もいます。誠実でまじめな人ほど、このような自己嫌悪を強く感じてしまいます。

つき合っていく自信がなくなった原因は「自分にある」のか「相手にある」のか区別して考える必要があります。

「相手にある」場合には、別れる前に気になることを率直に伝え、よく話し合ってみるほうがいいでしょう。それでも解決できない場合には、別れることも選択肢のひとつになります。

「自分にある場合」には、ちょっと時間を置いて考えてみてもいいでしょう。そうすることで、またつき合っていく自信がよみがえる時もあります。

いずれにしても、ケンカ別れするのではなく、お互いに納得した形で別れられるように努力するのがいいと思います。そのほうが、その後の精神的な動揺が少ないのです。

恋人関係では、どうしようもない理由から別れなければならない時があると思います。「この人とはもうやっていけない」という気持ちを引きずりながらつき合っていても、自分が苦しくなるばかりだと思います。

お互いに納得できる形で別れるのは簡単なことではありませんが、努力してみることが大切です。

↓

お互いに納得して別れる方法を考える。

9章

老・病・死編

79 自分が悪かったから愛する人が死んでしまった、と感じる時

愛する人が亡くなった時、残された人の中には、強い罪悪感に苛まれる人もいます。

「私が仕事で無理をさせるようなことを言ったから、あの人は病気になって死んでしまったのではないか。私があの人を死なせた」

「私がもっといい病院を探し出していれば、あの人はまだ生きていたのではないか。私があの人を早死にさせたようなものだ」

「どうしてあの人が重い病気になっていたことを、一番近くにいた私が気づかなかったのだろう。あの人に申し訳ない」

このように「自分が悪かったから、愛する人は死んでしまった」という思考パターンにはまって、強い罪悪感に苦しんでしまうのです。

まずは、この思考パターンから抜け出さないと、罪悪感の苦しみから逃れ弱った自分を立て直すこともできません。そのための方法を考えてみたいと思います。

＊自分のほかにも、同じような罪悪感に苦しんでいる人がたくさんいることを知る。「自分だけではない」ことに気づく。
＊そのためにグリーフケアの集会（愛する人を失った人たちの悲しみをケアするもの）などに参加してみるのも一つの方法になる。
＊「自分が悪かったから」という考えは、みずから作り出した観念にすぎない。つまり真実ではないということに気づくと、気持ちが楽になっていく。

「自分が悪かったから」という考えにおちいってしまうのは、それだけ亡くなった人への愛情が深かったからといえるでしょう。

しかし、自分に確定的な責任がない場合は、不幸な出来事の原因を自分に結びつけるのはやめたほうがいいと思います。むしろ、それがその人の運命だったと考えたほうがいいでしょう。

↓ グリーフケアの集会に参加してみる。

80 慰めの言葉のために心がいら立ってしまう、という時

ある男性は妻を病気で亡くしました。

妻はまだ四十代だったといいます。

子供は二人いるのですが未成年です。

もちろん彼は「妻の死」に非常に強いショックを受け、心をかき乱される思いをしています。

ただし、それと同時に、親類や知人にかけられる「慰めの言葉」に心が乱されるといいます。

周りの人たちは、彼を励ます意味で、「子供がまだ幼いんだから、がんばってね」「悲しい気持ちはわかるけど、早く気持ちを入れ替えないとね」と色々な言葉をかけてくれます。

善意から言葉をかけてくれていると頭ではわかるのですが、感情的に「人の気持ち

もわからないくせに」と腹が立ってきてしまうというのです。

愛する人を失った時、「慰めや励ましの言葉」に傷つく、という人は多いようです。

そのような時には、しばらくの間、「人と会うのを避ける」というのも一つの方法になります。

一人になって心を静めていくうちに、やはり「慰めや励ましの言葉をかけてくれる人がいるのは、ありがたい」と気づくようになります。

「人のありがたみ」がわかれば、「人の慰めや励ましの言葉」にも素直に感謝することができるようになるのです。

そういう気持ちになれるまでは、静かな環境にいるほうがいいでしょう。

↓

あえて一人きりになって、悲しみを癒す。

81 「支えになってくれた人に、もっと長生きしてほしかった」と悔やまれる時

愛する人を、突然病気や事故によって失った場合、急なできごとだけに、残された人たちには大きな精神的動揺があります。

このようなケースでは、なかなかすぐに自分の気持ちを整理するのは難しいと思いますが、いくつかヒントになる考え方を提示しておきたいと思います。

＊「あの人はこの世に未練を残したまま死んでいったのではない。寿命を迎えて満足して天国へ逝《い》った」と考える。

＊「たら、れば」という考え方にとらわれない。「あの人は天寿をまっとうした」と考えるようにする。

愛する人を急な病死や事故死で失った場合、残された人はその現実をなかなか受け入れることができません。しかし、どこかで現実を受け入れなければ、心の動揺を止めることはできないと思います。この現実を受け入れる方法の一つが、「あの人は寿

命で亡くなった」と考えることです。

「病気や事故で命を奪われたのではない。生きることを中断させられたのではない。生まれながら運命づけられていた寿命で亡くなった」と考えることです。

また、「たら、れば」という考え方にとらわれないということも大切です。

こういうケースでは、残された人は、「あの時、外出しなかったら、あの人は自動車事故に遭《あ》うことはなかった」「私が外出を止めていたら、あの人は生きていた」という強い後悔の感情にとらわれます。

その後悔の念も、心を動揺させ、弱らせる大きな原因になります。

後悔しても愛する人は戻ってはきません。

これも受け入れなければならない現実です。

↓

「愛する人は寿命で亡くなった」と考える。

82 愛する人と死別した悲しみに打ちひしがれている、という時

人にとってもっとも大きな精神的ショックとは、やはり「愛する人」との死別ではないでしょうか。

伴侶《はんりょ》や恋人との死別、親や子、兄弟姉妹との死別などです。

そのような「愛する人との死別」というできごとに見舞われた時、その当事者は強いショックに見舞われます。

また、悲しみという感情に振り回されて、精神的に非常に不安定になります。

そのような時、どのような方法で自分を支えればいいのか考えたいと思います。

まずは、悲しみという感情に、無理をして逆らわないことが大切です。泣きたい時には泣くのがいいのです。力が出ない時には、無理に体を動かさないほうがいいのです。

また、しばらくの間は、心を許せる家族や、誰か信頼できる人に近くにいてもらう

ほうがいいでしょう。誰かと一緒にいるほうが気は楽になります。

また、人間には自然治癒力《ちゆりょく》が備《そな》わっています。時間の経過とともに、悲しみからだんだん癒されていくと信じるのがいいでしょう。

亡くなった人のためのイベントを開くのもいいと思います。故人が生前趣味で撮影していた写真の展覧会などです。そんなイベントが気持ちの区切りになります。

生きている限り必ずいつか「愛する人との死別」を経験しなければなりません。言い換えれば、「愛する人と死別して強い悲しみに振り回された」という経験を持つ人は、自分の他にもたくさんいるということです。

そんな自分と同じ経験をし、今の自分と同じ思いになったことがある人と話をする、ということも、悲しみを癒す効果があります。他人の経験を聞くことで、自分を客観視できるのです。また、「あの人も自分と同じ状況だったんだ。自分だけが特別な経験をしたわけじゃない」と気づくことが、悲しみを抜け出すきっかけにもなります。

↓

悲しみという感情に無理に逆らわない。

83 何カ月か経ってから死別の悲しみに襲われた、という時

愛する人が亡くなった当初は取り乱すようなことはなかったのですが、何カ月かしてから急に強い悲しみがこみ上げてきて精神的に激しく動揺してしまう、というタイプの人がいます。

愛する人が亡くなった当初は、葬式や香典返し、亡くなった人が残したものの整理など、やるべきことがたくさんあって忙しく、ある意味悲しみという感情と向かい合う余裕がないのです。

それが何カ月か経って心にゆとりが生まれた段階で、愛する人が身近にいない寂しさや悲しみが身に迫ってきて耐えられなくなり、心が動揺してしまうのです。

このような状況の中で平常心を取り戻し、自分の人生をしっかり生きていく方法を考えてみたいと思います。

＊天国にいる亡き人に手紙を書いてみる。

＊手紙の中で、これから自分がどのように生きていくつもりか、その考えをまとめて天国にいる人に報告する。
＊整った生活が、心を整える一番の特効薬。適度に運動をし、睡眠時間も十分に取って、できるだけ規則正しい生活を心がける。
＊趣味や勉強の会に参加して、愛する人のいなくなった新しい生活の中で、自分なりに生きる楽しみを作り出していく。

とくに、「天国にいる人に手紙を書く」という方法は、気持ちを落ち着ける意味で効果があります。

それは自分の心に静かに向かい合い、心を整理し、また新しい希望を見つけ出すきっかけになるからです。

↓
天国にいる人に手紙を書く。

84 結婚する予定だった相手が亡くなった、という時

ある男性には結婚を約束していた女性がいました。

しかし、結婚式を挙げる前に、彼女は急性の病気であっけなく亡くなってしまったのです。

彼は強い衝撃を受け、彼女が亡くなって一年経った今でも、精神的に立ち直れない状態だといいます。

このようなケースで、自分を立て直し、再起するきっかけになる方法はないか考えてみたいと思います。

＊「愛する人の肉体は滅《ほろ》んだが、魂はまだ生きていて、自分の近くにいてくれる」と、信じる。そう信じることで気持ちが安らぐ場合もある。「人は死んでも魂は死なない」という考え方が、伝説として世界各地で信じられている。科学的に実証できる話ではないが、このような伝説を信じてみることが、悲しみを癒すことに役立

つ。

＊魂となって身近にいてくれる亡き人に語りかけてみる。

たとえば「花に亡き人の魂が宿っている」と考えて、花に語りかけてみる。そのことによって気持ちが和《やわ》らぐ。

＊さまざまなスピリチュアルな世界には、「人は死後、天国や極楽といったもう一つの世界に行って、幸福に暮らす」という考え方がある。このようなスピリチュアルな考え方を信じるのも、残された人の心の救いになる。

伝説やスピリチュアル的な考え方を迷信だと決めつけるのではなく、そういうものを信じてみるのも心を癒す一つの方法だと思います。

本を読んで、「ただ信じてみる」だけでもいいと思います。

もちろん一時でもいいのです。それだけでも心が癒され、自分を立て直すきっかけになるかもしれません。

↓

「魂は死なずに、近くにいてくれる」と信じる。

85 「親孝行できなかった」と思い悩む時

愛する人を失った時、「生前に、もっと尽くしてあげればよかった」という後悔の念に苦しむ人も多いようです。

「母親に生前もっと親孝行しておけばよかった。親不孝なことばかりしていた自分が情けない」

「妻に苦労ばかりかけてしまった。妻が喜ぶようなことを何一つしてやれなかった。もう取り返せない」

「夫にひどいことばかり言ってしまった。今さら『許してほしい』と詫《わ》びたところで、もう遅い」

このような後悔の念を強く感じ、精神的にふさぎこんでしまう人もいるようです。

＊十分に供養をしてあげる。「供養することで、天国に逝った人は許してくれる」と信じる。

＊故人が明るい笑顔で笑っている写真を飾って、毎日拝む。「亡くなった人も生前、こんなに楽しそうに笑っていた。なにはともあれ幸せな一生だったのかもしれない」と気づくことで、自分の気持ちも癒される。

＊亡くなった人に尽くしてあげられなかった分、ボランティアなどに参加して世の中の恵まれない人たちのために尽くす。

仏教には、「亡くなった人への未練を捨てきれないでいると、その人は成仏できない。いつまでもこの世にさ迷い続ける」という考え方があります。

亡くなった人を成仏させてあげるのが、残された人の最後の務めではないでしょうか。

それが最後の親孝行、妻や夫へのやさしい心遣いになるのです。

ですから、ある程度の時が過ぎたら、「尽くしてあげられなかった」と後悔するのはやめるほうがいいと思います。

↓ **亡くなった人に尽くせなかった分、恵まれない人のために尽くす。**

86
身近な人の自殺で心が動揺してしまった、という時

ある男性は、同じ職場で働く同僚が自殺したのをきっかけに、「何か虚しい気持ちから仕事に集中できなくなってしまった」といいます。

自殺した同僚とは、個人的に親しい間柄ではありませんでした。職場以外でのつき合いは、ほとんどありませんでした。にもかかわらず、その同僚の自殺は、彼の心を揺さぶりました。

周りの人たちの話によると、その同僚は仕事のことで思い悩み自殺したということでした。

彼は、その同僚の気持ちを考えると、「自分自身、いったい何のために働いているのか？　本当の幸せとは何なのか？　ということがわからなくなってしまって、気持ちが虚しくなる」というのです。

身近にいる人が自殺すれば、誰もが衝撃を受けます。

しかし、それをきっかけに「自分が生きる意味」を問い直すことは悪いことではないと思います。

一時的に自分自身も平常心を失うかもしれませんが、大切なことは生きる意味について深く考え、「答え」を見つけ出すことです。

自分なりの答えが見つかれば、また心を立て直してがんばっていくことができます。

現在、日本では、年間数万人以上の人が自殺していると言われています。

実際に「知り合いが自殺した」という経験を持つ人もいるのではないでしょうか。

身近な人が自殺をすると、当然のことですが、自分自身も精神的に動揺します。

特別親しくつき合っていなかった相手でも、色々と考えさせられてしまうものです。

しかし、そのような機会に、生きる意味について考えることは、今後の自分の人生にとってある意味有意義なことだと思います。

↓

生きる意味について問い直してみる。

87 肌が衰えた自分に、生きる自信を失う、という時

人間は年齢とともに衰えていきます。その「衰え」に気づくことは、その本人に強い精神的な動揺を与える場合もあります。

ある30代後半の女性は、鏡を見るたびに「肌の衰え」を実感するといいます。

色々な化粧品を試したり、エステにも通っていますが、肌の衰えを隠しきることはできないようです。

それが原因で、彼女は最近元気がありません。

「会う人が自分の顔を見て、『この人、年齢よりも老《ふ》けているな』と心の中で考えているように思えてしょうがない。そのために最近、生きる自信がなくなった」というのです。

この彼女ばかりでなく、「肌の衰えのために、自信がなくなる」という心境になっている女性は多いのかもしれません。

しかし、人は必ず衰えていく運命には逆らえません。そういう運命に従いつつ、心をおだやかに保ちながら暮らしていくには、どうしたらいいのでしょうか。

それには、「加齢とともに肉体は衰えるが、精神的なものは豊かになっていく」と考えるのです。

人は、ある程度の年齢になると、他人の「肉体的な若々しさ」よりも「精神的な豊かさ」のほうが魅力的に感じられてきます。

そうであれば、「精神的に豊かな、魅力的な人間」になるための方法を考え、それを実践するのがいいでしょう。自分自身の精神的な豊かさが実感できるようになれば、生きることへの自信もついてきます。

精神的に豊かな人間になるためには、本や新聞を読んだり、ためになるテレビ番組や映画を観たりして教養を高めることだと思います。また、自分のことだけを考えるのではなく、人のために役立つことを実践することが重要です。

↓ 年を重ねたら「精神的に豊かな人」が魅力的だと知る。

88 入院した病院で気持ちが不安になってくる、という時

病院に入院することは、もちろん病気のために体力的にもたいへんだと思いますが、精神的にも動揺させられるものです。

精神的な動揺の原因は、孤独感と不安です。

日中は家族や知り合いがお見舞いに来てくれることもあるので、それほど孤独感と不安を感じないで済みます。

しかし夜は一人きりになるので、孤独感と不安を強く感じます。

そのような環境の中ではおだやかな心を保つことが難しいのです。

なんとなく気が滅入ったり、病気のことが恐ろしく感じられてきたりします。しかし、病気を早く治すためにも、気持ちを落ち着けることが大切になってきます。

以下のようなことが、心の安定のために役立ちます。

＊同じ病室にいる患者さんと会話する。同じ状態の人が傍《そば》にいると思うと、いくらか

心強くなる。

＊好きな歌謡曲の歌詞や、お経の言葉を暗記して、不安になった時に暗誦《あんしょう》する。暗誦には心を無にする効果がある。

＊退院した後に何か楽しいイベントを計画する。孤独を感じた時には、イベントに呼ぶ人たちのことを思い浮かべる。

＊自分の病気のことは、本やテレビを通じて自分も理解する。

＊肉体的な苦痛を、あまり深刻に考えないように心がける。「腹が痛い。病状は予想以上に重いのではないか」といったように考えないほうがいい。なるべく楽観的に考えるほうが、気持ちが安らぐ。

もちろん「自分が病気である」という事実から逃げることはできないですが、なるべく自分の病気について意識しないようにするほうがいいと思います。入院している時には、どうしても病気についてつい大げさに考えがちになるからです。

↓ 退院後に「何か楽しいことをしよう」と想像する。

89 病気でもないのに自分の健康に不安がある、という時

「自分の健康に不安を感じて、気持ちが落ち着かない」という人たちがいます。

このタイプの人たちには、二種類あると思います。

一つは、「具体的な病気があって、健康に不安がある」というタイプです。

もう一つは、「これといった病気はないのに、自分の将来の健康に漠然《ばくぜん》とした不安がある」というタイプです。

前者の「具体的な病気がある」という場合は、「精神的な安定」という意味合いでは、かえって問題は少ないように思います。

もちろん不安になることもあると思いますが、「薬をちゃんと飲む」だとか「医者からアドバイスされた生活習慣を守る」といったような「やるべきこと」が明確にわかっているので、それに従ってきっちり生活していれば、心の平穏は戻ると思います。

問題は後者のほうが大きいようです。とくに自覚症状もなく、健康診断で何の病気

も見つからなかったにもかかわらず「自分は将来大きな病気になるのではないか」と心配し、感情的に取り乱したり、仕事への意欲を失う人がいるのです。

もともとの性格や、周囲の人の病気、メディアの影響など原因はさまざまでしょう。ここでポイントになるのは「病気」だとか「健康」といった問題に意識が向かないように、他に何か熱中できるものを探し出すことだと思います。暇を持て余していると、体に神経質な人はどうしても病気や健康のことが気にかかり始めます。趣味や、社会的活動、また勉強などに夢中になって取り組むことで、「健康への不安」を忘れられます。

夢中になって何かに取り組むことで、自分の健康への自信が生まれ、病気への不安感を振り払うことができるのです。

「病気になったら、その時に考えればいい」と割り切るのも一つの方法です。

↓ 不安を忘れるほど、夢中になって何かに取り組む。

あとがき

仕事で失敗したり、誰かから非難されたり、友人とケンカしたり、愛する人と別れるようなできごとに見舞われれば、誰でも気持ちがシュンと落ちこんでしまいます。

その落ちこんだ気持ちから、すぐに立ち直れる人もいます。

しかし、一方で、その後何日間も落ちこんだまま、なかなか立ち直れない人もいます。

この両者の違いは、どこにあるのでしょうか。

前者のタイプの人は精神的に強く、後者のタイプの人は精神的に弱いのでしょうか？

前者のタイプの人は性格的に明るく、後者のタイプの人は性格的にネクラなのでしょうか？

そのように、持って生まれたその人の資質も多少影響しているのかもしれませんが、それよりももっと大切なポイントがあると思います。

それは「精神的に弱った自分を立て直す方法」を知っているかどうかだと思います。その方法を自分なりに身につけ、また生活習慣として持っているかどうかだと思います。

落ちこむような経験をしてもすぐに立ち直れるタイプの人は、そのような方法を知っているのだと思います。

もし、「一度落ちこむ経験をすると、なかなか立ち直れない」という人がいるとすれば、それは、立ち直る方法を知らないということではないでしょうか。

知らないのであれば、学べばいいだけのことです。

自分なりの方法を身につければいいと思います。

本書では、ここまで、「精神的に弱った自分を立て直す方法」を、さまざまな角度から分析してきました。

読者の方々におかれましては、本書を参考に、自分なりの方法を、一つでも二つでも身につけてもらえたらと思います。

本書を読まれたことをきっかけに、「前向きに生きていけるようになった」「自分が少し強くなったように感じる」と言っていただけることを願っています。

本書は、祥伝社黄金文庫のために書き下ろされた。

一〇〇字書評

切り取り線

購買動機（新聞、雑誌名を記入するか、あるいは○をつけてください）	
□ （　　　　　　　）の広告を見て	
□ （　　　　　　　）の書評を見て	
□ 知人のすすめで	□ タイトルに惹かれて
□ カバーがよかったから	□ 内容が面白そうだから
□ 好きな作家だから	□ 好きな分野の本だから

●最近、最も感銘を受けた作品名をお書きください

●あなたのお好きな作家名をお書きください

●その他、ご要望がありましたらお書きください

住所	〒				
氏名		職業		年齢	
新刊情報等のパソコンメール配信を 希望する・しない	Eメール	※携帯には配信できません			

あなたにお願い

この本の感想を、編集部までお寄せいただけたらありがたく存じます。今後の企画の参考にさせていただきます。Eメールでも結構です。

いただいた「一〇〇字書評」は、新聞・雑誌等に紹介させていただくことがあります。その場合はお礼として特製図書カードを差し上げます。

前ページの原稿用紙に書評をお書きの上、切り取り、左記までお送り下さい。宛先の住所は不要です。

なお、ご記入いただいたお名前、ご住所等は、書評紹介の事前了解、謝礼のお届けのためだけに利用し、そのほかの目的のために利用することはありません。

〒一〇一-八七〇一
祥伝社黄金文庫編集長　吉田浩行
☎〇三（三二六五）二〇八四
ohgon@shodensha.co.jp

祥伝社ホームページの「ブックレビュー」からも、書けるようになりました。
http://www.shodensha.co.jp/bookreview/

祥伝社黄金文庫

弱《よわ》った自分《じぶん》を立《た》て直《なお》す89の方法《ほうほう》

平成 26 年 2 月 10 日　初版第 1 刷発行

著　者　植西聰《うえにしあきら》

発行者　竹内和芳

発行所　祥伝社《しょうでんしゃ》

〒101－8701
東京都千代田区神田神保町 3－3
電話　03（3265）2084（編集部）
電話　03（3265）2081（販売部）
電話　03（3265）3622（業務部）
http://www.shodensha.co.jp/

印刷所　堀内印刷

製本所　ナショナル製本

ISBN978-4-396-31629-7 C0195

祥伝社黄金文庫

石原加受子《かずこ》
「もうムリ！」しんどい毎日を変える41のヒント
「何かいいことないかなぁ」が口癖のあなたに。心の重荷を軽〜くして、今よりずっと幸せになろう！

石原新菜
これだけは知っておきたい 最新 女性の医学常識78
×熱が出たら体を温める
×1日3食きちんと食べる……etc.
その「常識」、危険です！

泉 三郎
堂々たる日本人
この国のかたちと針路を決めた男たち——彼らは世界から何を学び、世界は彼らの何に驚嘆したのか？

上田武司
プロ野球スカウトが教える 一流になる選手 消える選手
一流の素質を持って入団しても、明暗が分かれるのはなぜか？ 伝説のスカウトが熱き想いと経験を語った。

上田武司
プロ野球スカウトが教える ここ一番に強い選手 ビビる選手
チャンスに強く、ピンチに動じない勝負強い選手の共通点とは？ 巨人一筋44年の著者が名選手の素顔を！

植西 聰《あきら》
悩みが消えてなくなる60の方法
あなたには今、悩みがありますか？ 心配する必要はありません！ これで悩みが消えてなくなります。

祥伝社黄金文庫

臼井由妃《うすいゆき》　幸せになる自分の磨き方

もったいない！　もっとハッピーになれるのに……。仕事。恋愛。お金。知性。みんな選んでいいんです。

臼井由妃　セレブのスマート節約術

なぜお金持ちのところにばかりお金が集まるの？　お金持ちが実践している「本物の節約術」を初公開！

衿野未矢《みや》　セックスレスな女たち

既婚者の40・8％が「レス」の時代!!　誰もが陥るその穴にハマる人、抜け出せる人の特徴とは？

遠藤周作　信じる勇気が湧いてくる本

苦しい時、辛い時、恋に破れた時、生きるのに疲れた時……人気作家が贈る人生の言葉。

遠藤周作　愛する勇気が湧いてくる本

恋人・親子・兄弟・夫婦……あなたの思いはきっと届く！　人気作家が遺《のこ》した珠玉の言葉。

遠藤順子　70歳からのひとり暮らし

不満。退屈。心配……そんな暇はありません。遠藤流「やんちゃなひとり暮らし」は、こんなに楽しい！